7인의 전문가가 본

시칠리아의 문명교류

Sicilian Civilizational Exchanges described
by 7 Scholars

이 저서는 2018년 대한민국 교육부와 한국연구재단의 지원을 받아 수행된
연구임(NRF-2018S1A6A3A02022221)

7인의 전문가가 본

시칠리아의 문명교류

Sicilian Civilizational Exchanges described
by 7 Scholars

지중해지역원 지음

목차(CONTENTS)

프롤로그

시칠리아와 지중해 문명교류학

시칠리아는 지중해의 정중앙에 위치해 있고, '지중해의 배꼽'이라 불리는 지리적 위치때문에 이 바다와 주변지역에서 성립된 모든 문명의 흔적이 중첩적으로 누적되어 있는 곳이다.

지중해의 주요한 역사적 굴곡마다 패권을 차지했던 페니키아, 고대 그리스, 카르타고, 로마, 비잔틴, 아랍 이슬람, 노르만을 포함한 유럽 제국주의 국가 등 인류의 주요 문명들이 연이어서 시칠리아를 차지했고 그들의 흔적을 남겼다. 지중해를 비롯한 전 세계의 대부분 지역들이 문명과 문화의 교차로임을 자임하고 있지만, 상기의 이유로 필자는 지구상에서 '문명의 교차로'라는 표현이 가장 어울리는 지역으로 시칠리아를 지명한다.

시칠리아에 정착한 최초의 인류는 이탈리아반도에서 남하해서 섬의 동부 지역에 정착한 시켈로(Siculi)인, 이베리아 반도에서 이주하여 중부 지역에 정착한 시카노(Sicani)인, 에게해 지역에서 이주하여 서부 지역에 정착한 엘리모(Elimi)인들로 추정된다. 즉, 시칠리아는 인간이 거주하기 시작한 철기 시대인 BCE 12세기 지중해의 이민족들이 정착하여 살아온 혼종성의 특징을 지닌 지역이다.

초기의 시칠리아인들은 그리스 문명의 발상지인 미케네와 교류하며 펠로폰네소스반도의 그리스인들과 직접적인 접촉을 가졌다. BCE 8세기경 인구 과잉으로 인한 식량난을 해결하기 위해 펠로폰네소스반도를 떠난 그리스인들은 지중해 서쪽으로 항해하여 근거리에 있던 시칠리아에 정착했다. 그들은 시칠리아의 동쪽 해안 지역인 시라쿠사(Syracuse) 등에 그리스식 폴리스를 세우며 시칠리아의 그리스화(Hellenization)를 시작했다.

연이어서 그리스의 주요 민족들이 척박한 그리스 땅을 떠나 풍요로운 시칠리아로 앞다투어 진출했고 그들의 폴리스를 건설해 나갔다. 이오니아인들은 메시나(Mesina), 카타니아(Catania) 등에 정착했고, 도리아인들은 시라쿠사, 젤라(Gela), 아그리젠토(Agrigento) 등에 폴리스를 건설했다. 마그나 그라이키아(Magna Graecia)의 시대가 열리는 순간이었다.

BCE 8세기경 시칠리아를 동서로 양분하고 있던 그리스와 카르타고의 충돌이 마침내 벌어졌다. 그리스식의 폴리스였던 시칠리아 북부의 메시나와 시라쿠사간 충돌이 발생하자, 메시나는 로마에 지원을 요청했고 시라쿠사는 카르타고를 끌어 들였다. 포에니 전쟁의 시작이었다.

시칠리아 폴리스들의 대리 전쟁으로 시작된 로마와 카르타고간의 포에니전쟁은 지중해 패권국으로서 로마의 등장을 알리는 신호였다. 3차례에 걸친 포에니 전쟁에서 카르타고를 완전히 제압한 로마는 시칠리아를 장악했고, 시칠리아를 로마의 첫 번째 속주로 삼았다. 팍스 로마나(Pax Romana) 시대가 시작되는 순간이었다. 비옥한 농토에서

풍부한 농산물을 생산하는 시칠리아는 로마의 곳간이 되었다.

이후에도 시칠리아의 운명은 지중해의 운명과 괘를 같이 했다. 로마가 쇠퇴하자 비잔틴이 시칠리아를 차지했다. 연이어 아랍 이슬람이 시칠리아의 주인이 되어 북아프리카와 이탈리아 반도를 연결하는 무역 중심지로 번영을 누렸다. 아랍 이슬람 세력의 시칠리아 지배는 연대기상으로 200여년에 불과한 짧은 시간이었지만, 이후 아랍 이슬람 세력을 축출한 노르만왕국이 아랍 이슬람 문화와 제도를 전폭적으로 수용하면서 시칠리아 문화와 언어 지층에 아랍 이슬람적 요소가 지속적으로 축적될 수 있었다.

이탈리아반도 북쪽에서 남진하여 메시나(Messina) 해협을 건너 시칠리아를 장악한 노르만인들은 시칠리아에 공존하던 다양한 민족들에게 관용을 베풀었고 융합을 구현하며 '지중해의 기적'을 실현했다.

시칠리아의 노르만왕국은 그리스인을 팔레르모의 토후로 삼았고 아랍인에게는 재정 관리와 군의 지휘를 맡겼다. 시칠리아 도시 전역에 기독교 교회와 수도원과 이슬람 사원이 공존했다. 노르만인·라틴인·그리스인·아랍인이 함께 공존하며 번영을 누리는 문화 융합 국가로서 시칠리아 왕국이 탄생한 것이다. 이 시기는 시칠리아의 전성기였다. 시칠리아 왕국이 시칠리아를 넘어 이탈리아 반도는 물론 프랑크 왕국과 비견되는 지중해의 절대 왕자로 군림할 수 있었던 것이다. 이러한 원동력은 융합과 관용의 힘에서 비롯된 것이다.

이탈리아의 한 섬이지만 시칠리아는 본토와 색깔이 다른 공간이다. 시칠리아인들은 '우리는 시칠리아 사람'이라고 스스로를 소개한다. 시칠리아 사람은 이탈리아 사람이 아니라는 의미다. 시칠리아인은 그들 나름의 독특한 문화 정체성을 갖고 있다는 의미다. 괴테는

"시칠리아가 없었다면 이탈리아는 영혼에 아무런 잔상도 남기지 못했을 것이다. 여기에 모든 핵심이 있다."고 적고 있다. 시칠리아에는 이탈리아 반도에 없는 그 무엇인가가 있다는 의미다.

아마 그 무엇인가는 문화 융합과 교류가 만든 혼종의 결과물이 아닌가 한다. 시칠리아에 문명의 빛을 비춘 이들은 그리스인이었고, 시칠리아 문화와 역사를 풍요롭게 한 것은 라틴인, 아랍인, 노르만인이었다. 융합과 교류를 통해 집적된 시칠리아 왕국의 힘은 16세기에 시칠리아를 지중해의 강성 국가로 발전시켰다. 즉, 시칠리아의 영광은 다양한 민족들이 시칠리아의 역사와 문화 지층에 누적시켜 응축되어 있던 에너지가 노르만이라는 방아쇠를 통해 분출된 것이다.

따라서 지중해의 거의 모든 문화와 문명이 중첩적으로 퇴적되며 녹아 있는 시칠리아는 지중해 문명의 다양성을 가장 잘 대변하고 있는 지역이다.

지중해의 각 시대별 패권 국가들의 지식과 문화는 시칠리아에 녹아 들었고 시칠리아의 문화를 살찌우고 풍요롭게 했다. 시칠리아는 혼종과 융합을 자양분 삼아 배양되고 성숙된 문화의 결실을 맺은 것이다.

인류의 문명은 교류와 소통을 통해 발전해 왔다는 역사적 사실을 잘 알고 있으면서도, 작금의 주도적 위치 때문에 이 사실을 애써 외면하고 있는 이들과, 오랜 피지배와 고난의 역사로 패배 의식에 젖어 있는 또 다른 이들에게 시칠리아 문명 교류의 역사는 겸손, 배려의 미덕, 그리고 미래에 대한 용기를 함께 일깨워 주는 인류 공동체의 깨우침의 현장이라 하겠다.

두터운 역사-문화지층을 갖고서 지중해의 다양한 모습들을 보여

주고 있는 시칠리아는 지중해의 역사와 문화 그 자체라 할 수 있고 지중해 문명교류학을 연구하기에 더없이 좋은 텃밭이다.

지중해 문명교류학은 인류 문명과 역사가 소통과 교류를 통해 발전해 왔다는 경험적 가르침을 믿고 이를 입증함과 동시에 21세기 현대 사회의 모순과 부적합한 현실들을 개선하기 위한 대안들을 제시하려는 노력이다. 지중해 문명교류학에 매진하고 있는 지중해지역원에게 시칠리아는 이런 믿음이 틀리지 않았고 그 노력들이 값진 것임을 일깨워 주는 소중한 연구의 자산이자 보고(寶庫)이기도 하다.

이러한 시칠리아의 역사의 교훈과 메아리들을 이 책에 담으려 했다. 3천 년이 넘는 오랜 풍파와 역사를 담고 있는 시칠리아를 한 권의 책에 담는다는 것이 주제 넘는 말이고 넌센스라는 것을 잘 알고 있다. 하지만 다양한 분야의 전문가들이 교류와 소통이라는 공동의 키워드를 갖고서 오랜 시간동안 시칠리아를 보아 왔고, 그 성과를 이 책에 모았다. 겉으로 보이는 시칠리아가 아니라 시칠리아의 속살을 통해서 시칠리아의 가치와 의미를 나누고 싶었다.

미흡하더라도 공존과 소통의 현장으로서 시칠리아를 이해하는데 이 책이 도움이 되었으면 한다. 그래서 언젠가 기회가 있어 메시나 해협을 기차로 지나 팔레르모의 대성당을 보면서 초(超)문명의 아름다움을 느끼고 즐기는데 이 책이 미흡하나마 도움이 되었으면 한다.

2021 늦은 가을
금샘로 연구실에서

윤용수(부산외국어대학교 지중해지역원장)

Chapter 1 | 시칠리아 문명교류의 역사
(History of Sicilian Civilizational Exchanges)

시칠리아 문명교류의 역사
(History of Sicilian Civilizational Exchanges)

김정하(부산외대 지중해지역원)

Ⅰ. 중세 문명교류의 요인들

1. 지중해 문명교류의 등대

시칠리아는 고, 중세 지중해 역사에서 문명 간 교류의 구심점이
자 교류의 여정에서 잉태된 새로운 세대의 문화를 발산하는 원심
성의 발원이었다. 고대 지중해의 역사에서 시칠리아는 고립된 고
도(古都)의 모습이 아니었다. 지중해에서 가장 큰 섬으로서 그 위
치는 이베리아에서 아나톨리아(Anatolia)까지, 이탈리아반도에서 북
아프리카 해안까지 위도와 경도의 접점에 자리하고 있었다. 고대의
항해술과 선박건조의 기술을 고려할 때 시칠리아의 지정학적인 위
치는 항해의 중간기착지로서 물과 식량 등을 공급받거나 교역 물
품의 중계무역을 위한 필수적인 역할과 밀접한 관련이 있었다.

그리스의 포도주와 항아리, 페니키아와 카르타고의 물품들이 고
대 지중해의 거의 모든 연안과 인근의 내륙지역에서 출토되는 것
은 이러한 시칠리아의 지리와 연관되어 있었기 때문이었다고 해도

과언이 아니다. 일찍부터 레반트 지역은 지중해 동부지역과 중동 그리고 인도양 문명권을 이어주는 관문이었다. 이곳에 정착한 페니키아는 '페니키아 알파벳'의 상징성에서도 잘 드러나듯이 가깝게는 메소포타미아 문명권을, 멀게는 인도 문명권을 동지중해로 연결하는 문명 가교의 역할을 하였다. 이러한 페니키아의 국제 중계무역과 이에 따른 문화의 다양성 및 공존성은 시칠리아의 존재를 통해 멀리 이베리아 또는 카르타고의 지중해 무역권에 전달될 수 있었다. 고대 그리스 도시국가들은 지중해의 지리와 환경이 잉태한 고유의 해양 문명을 대표하였다. 이집트를 제외한다면, 지중해는 많은 인구와 풍부한 식량 확보의 가능성 그리고 이에 근거한 강력한 중앙집권과 방대한 영토의 정치 권력을 허용하지 않았다. 오히려 그리스 지역에서는 씨족 중심의 소수 인구만이 생존과 방어의 우선적인 이유로 산 중턱에 작은 규모의 독자적인 도시국가들이 건설되었다. 한 도시국가 내에서 자유시민들이 누리는 평등한 관계는 도시국가 간의 관계에도 해당하였다. 이러한 삶의 정체성은 근본적으로 극복대상이었던 자연환경과의 관계에서 성립하였다. 아리스토텔레스가 말한 '사회적 동물'의 공동체 배경은 바로 이러한 자연 vs 인간의 관계 구도에서 유래하였다. 이처럼 그리스인들에게 지중해의 자연환경은 이들의 정신과 물질 전반에 한층 직접적인 영향을 주었다.

그리스-페르시아 전쟁의 궁극적인 원인도 이오니아해의 연안 지역에 건설된 페르시아 도시들과의 무역 활동에 대한 그리스인들의 의존도에서 찾을 수 있다. 시칠리아는 그리스인들이 상업 활동을 지중해의 서부지역으로 확대하기 위한 전략적 교두보였다. 근대의 고고학 발굴과 그 연구 성과가 이러한 사실을 뒷받침하고 있다. 이탈리아 중부지역의 에트루리아는 본토를 사르데냐, 코르시카와 연결하면서 무역 및 상업 활동을 전개하였지만 보다 막대한 부는 시칠리아를 매개한 지중해 남부지역과의 교류에서 기인하였다. 당시 시칠리아의 상징성은 이탈리아반도의 남부, 즉 중부 지중해로 국한되어 있지 않았다. 한편으로는 지중해의 동서와 남북을 연결하는 구심점이었으며, 다른 한편으로는 지중해와 이 바다 너머의 모든 지역을 향한 문명 확산의 원심성을 발산하였기 때문이다. 이처럼 지정학적으로도 시칠리아의 역사적 상징성은 이미 고대부터 지중해를 넘어서고 있었다. 당시 지중해의 소규모 및 대규모 문명권 지역은 바다와 연안의 내륙 교류를 통해 상호 간 밀접한 관계로 연결되어 있었다. 이러한 관계 공유의 상황은 지중해의 모든 문명 다양성이 그 자체로서의 가치를 넘어 다인종 글로벌 사회로 발전하는 계기가 되었다.

역사적으로 지중해를 지배하기 위해서는 시칠리아 정복이 우선되어야 했고 이것이 가능할 때 비로소 유럽으로, 북아프리카로 그리고 중동으로 문명의 시선을 돌릴 수 있었다. 로마는 이탈리아 중부지역의 작은 공동체에서 시작되었지만, 역사적 발전과 이에 따른 문명교류 및 확산은 시칠리아와 이 섬에 연결되어 있어 모든 항해노선과 공동체 간 관계 구도의 기반을 차지했기에 가능한 것이었다. 로마는 시칠리아 정복을 계기로 제해권을 지중해의 전역으로 확대할 수 있었다. 로마의 'Mare nostrum'은 자신이 정복한 군소세력들의 해군력과 항해기술을 통합시킨 결과였다. 그리고 지중해 내해를 넘어 유라시아와 아프리카를 삶의 교류로 연결하였으며 이미 고대부터 다양한 속도와 흐름으로 소통되고 있던 대륙 간 교류의 한 문명 축이 갖추어지는 계기였다.

게르만과 이슬람의 지중해 유입은 지중해문명의 다인종 정체성과 다종교의 현실을 강화하는 효과를 동반했다. 2～3세기 게르만의 유입은 유럽기독교문명권의 라틴 vs 게르만 관계 구도가 새롭게 구축된 것으로서 단일 문명의 내적 유동성을 작동시키는 '상반(相反)의 상보적(相補的) 관계 작용'을 의미했다. 로마제국 말기에 그리스도교를 중심으로 성립된 유럽기독교문명권은 지중해를 끼고 중동-북아프리카의 이슬람 문명권과 동반자 관계의 한 축을 담당했다. 7세기 무렵 이슬람의 출현으로 지중해의 공간 확장성은 새로운 변화의 요인으로 작용했다. 고대 지중해문명의 지적전통에서 대규모 문명과 소규모 문명의 시, 공간 접변을 의미하는 헬레니즘과 이를 부분적으로 계승한 로마제국, 제국의 분열에 따른 동로마제국의 성립, 그리고 유럽 중북부지역의 게르만과 북아프리카-중동-메소포타미아지역의 이슬람 출현이 바로 그것이었다.

고대 그리스와 로마를 자신의 문명 기반으로 간주하는 유럽기독교문명권의 공간 확장성은 유럽과 지중해로 국한되어 사실상 로마제국의 방대함에 등치(等値)된 공간의 실질적인 반복이나 다름이 없었다. 이슬람 문명권은 게르만의 등장이 기독교 유럽-지중해문명의 내적 관계 구도를 새롭게 하였듯이, 대외적으로 지중해문명권의 공간 확장성을 새롭게 하였다. 무슬림 문명은 문화적으로, 지리적으로, 인종적으로 그리고 언어적으로 새로운 문명요인을 대표하는 것이 아니었다. 이 역시, 로마-게르만의 유럽기독교문명과 마찬가지의 원리에 따라, 과거 중동과 북아프리카 그리고 인도양 간 경제, 문화적 연결고리를 이슬람을 매개한 하나의 새로운 문명권으로 탈바꿈시켰다. 그리고 새로운 이슬람 문명권에서도 내부적으로 유행(流行)과 대대(待對)의 원리로 작용하는 상이(相異)한 관계요인 간의 상보적 작용이 작동하고 있었다.

서로마 제국의 몰락 이후에도 동로마제국은 콘스탄티노플을 수도로 새로운 1000년 제국의 역사를 시작했다. 이 제국은 지정학적으로나 역사적으로 알렉산드로스의 헬레니즘 제국으로부터 고대 그리스 문명의 지적전통이 지배적인 상태로 남아 있던 마케도니아와 그리스 반도 그리고 에게해와 소아시아 지역 일부를 통치했다. 사실 헬레니즘 문명권은 이후 중세에 접어들어 이슬람 문명과 비잔틴 제국에 의해 지적전통의 영향에 있어서나 지정학적으로 양분 또는 공유되고 있었다.

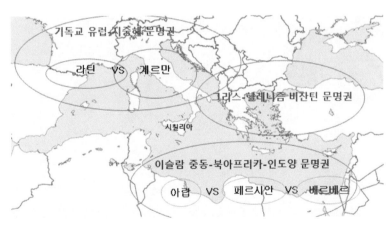

[그림 1] 중세 지중해문명. 상반(相反)의 상보성(相補性) 관계 구도

상기(上記)의 문명교류 관계 구도는 이후 시기에 일련의 정복 전쟁과 민족 이동 또는 경제적, 인적 교류로 역동적인 변화에 직면하였다. 근원을 함께하는 두 유일신 종교로부터 파생된 세 문명권의 형성과정에서 게르만의 이동과 무슬림의 안달루시아와 시칠리아 정복을 비롯해 노르만의 중부 지중해 진출은 8~12세기 지중해 문명교류가 새로운 국면을 맞이하는 계기였다. 특히 시칠리아는 이슬람의 등장 이후 문명 간 교류가 빈번하게 반복되는 접변 그 자체의 '열린 경계'(이베리아-시칠리아-레반트를 연결하고, 기독교-이슬람-유대교의 문명권이 공존하는 경계)를 배경으로, 이슬람과 노르만 그리고 독일 호헨스타우펜(Hohenstaufen) 황가의 통치 기간(827~1262)에, 이를 전후한 시기의 교류와는 상반된 교류 유형을 경험하였다.[1]

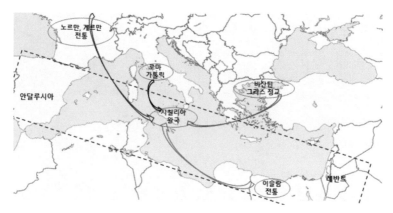

[그림 2] 시칠리아. 중세 지중해 '열린 경계'의 교차로

---

1) 김정하, 「고·중세 시칠리아 '편해(遍害)공존'의 교류유형 연구」, 『사총』, 101, pp. 95-136.

중세 지중해의 열린 경계는 문명 간 관계 구도의 성립과 그 변천의 유기적인 과정을 위한 실험실이나 다름없었다. 교류는 이후의 역사에서 필연적으로 관계의 흐름을 동반하였다. 고대 지중해의 문명 흐름은 동지중해에서 인도 북동부 지역에 이르고 그리스 도시 문명과 이집트-메소포타미아의 제국 문명을 중심으로 전개되었으며 그 결과가 유럽-지중해의 로마제국으로 귀결되었다. 5세기 게르만의 이동 이전까지 문명의 유동성이 지중해에서 북서풍의 흐름을 보였다면, 이후 시기에도 문명교류의 주체가 변화되었을 뿐 사실상 문명 흐름의 방향과 역동성은 적어도 15~16세기까지는 이전과 다르지 않았다. 다시 말해 이슬람 문명과 특히 이에 동반된 이집트-페르시아 문명권과 인도양문명권의 발전된 지적, 물적 유산은 지중해의 열린 경계를 통해 기독교 유럽문명권으로 지속해서 유입되었다. 종이의 발명과 확산에서도 알 수 있듯이 유라시아 동단의 수준 있는 문명권도, 적어도 대항해시대가 열리기 전까지 육지와 바다의 두 통로를 통해 서풍(西風)의 문명 흐름을 유지하였다.

지중해 열린 경계의 중심에 위치한 시칠리아는 유럽지역과 북아프리카-중동의 문명교류와 이에 따른 다양한 교류유형의 현장이었다. 시칠리아 문명교류 유형의 다양성은 나름 이러한 문명요인(또는 역사의 관계요인들) 간 균형의 상태가 역사적으로 달라지는 가운데 성립하였다. 중세 지중해의 열린 경계는 역사적으로 이슬람과 노르만 그리고 독일 스베보 가문에 의한 통치로 나타났다. 무슬림 시칠리아의 역사가 복수의 유일신 종교 문명이 공존하고 지배세력에 의한 문화 영향력과 문명 유동성이 행정과 경제, 상업과 지적 분야에 걸쳐 높은 수준으로 유지된 시기였다면, 노르만과 호헨스타우펜의 통치 시기는 무슬림 문명의 지배적인 영향으로 새로운 세대(世代)의 문명, 즉 시칠리아의 전통적인 다인종 글로벌 문명이 '상호이해'와 '균형'의 상보성 접변 구도를 통해 꽃피운 기간이었다.

또한, 지중해 유일신 종교 문명의 기간은 중동과 북아프리카 그리고 페르시아의 인종, 언어, 문화 등 문명 전반과의 역사적인 공존을 의미했다. 즉, 이전 시대, 특히 로마제국 시대의 예외적이거나 비공식적인 또는 소규모의 접촉에 비해 공존 스펙트럼의 범위와 차원을 달리했으며 로마제국의 방대한 영토는 고대 지중해의 다인종 글로벌 문명을 위한 접변의 공간이었다. 반면, 중세 지중해의 문명교류는 8~10세기에 적어도 이베리아와 시칠리아의 열린 경계에서 공존과 교류의 실험을 목격하였다. 그리고 삶의 여러 영역에 걸쳐 활발한 교류가 전개되었는데, 그 문화적 경계는 교류의 공간 확장성 덕분에 지중해의 지리적 경계를 자유롭게 넘나들었다.

2. '차이'의 중심

역사 인식에서도 차이가 변화를 가져오는 주된 원인이라는 사실은 이미 주지하고 있는 바이다. 즉, 차이는 상반된 상태나 의미의 복수요인들이 시공을 공유하는 과정에서 정체성을 달리하는 요인들 간 상호작용의 결과로 발생하는 현상이나 사건들의 다양한 변화와 양태를 가리킨다. 지중해문명의 역사에서도 정체성의 형성과 변천은 이를 구성하는 문명요인 간 관계 구도의 역사, 문화적 배경과 관계의 균형상태 그리고 흐름의 차이에서 비롯되었다.

[그림 3] 시칠리아. 지중해문명의 축소판

차이는 다양성(차이의 수평적 의미)과 차별(차이의 수직적 의미)의 상반된 두 성향을 공유하면서 상반의 상보성 작용을 통해 후대의 변화로 이어진다. 지중해는 이미 고대부터 자급자족이 가능한 공동체와 이것이 불가능한 지역 간의 역동적인 교류와 그 복합적인 결과를 경험하고 있었다. 시칠리아는 이러한 상반의 상보성 작용을 관찰할 수 있는 대표적인 관찰지점 중 하나였다. 시칠리아의 역사를 주도했던 차이의 서로 다른 요인들은 역사 시간의 전반을 관통하고 있었다. 고대에는 그리스 도시국가들을 비롯한 외부의 해상세력들에 대해, 당시까지만 해도 다양하고 비교적 풍부했던 농산물과 광산물 자원의 섬으로 인식되어 상호 간의 필요에 부합할 수 있었다. 로마에 정복된 후에도 시칠리아는 제국의 경제권에서 농업의 유럽 지역에 대해 상업과 해상무역의 교차점(交叉點)으로 부응했다. 또한, 게르만의 유입과 무슬림의 등장 이후에는 이들의 정체성 요인들이 교차하는 그 중심에 있었다. 시칠리아는 지중해의 중심이었지만, 동시에 유럽 지역과 북아프리카·중동과는 상반의 상보적 요인으로서 문명의 공간 확장성에 있어 구심과 원심이 공존하던 중재의 공간이기도 했다.

3. 지중해 문명교류의 '공간 확장성'과 관계 교류의 '중재'

로마제국이 몰락하고 게르만과 이슬람이 등장한 이후, 시칠리아는 지중해 지역 문명 간 새로운 유사성과 차이를 공유하면서 유럽과 북아프리카 그리고 중동과 멀리 인도양에 이르는 지정학적인 지평이 확대되는데 기여했다. 이는 단순한 공간확장이 아니었다. 서로 다른 시간대의 문명들, 즉 문명성숙도를 달리하는 여러 정체성의 문명들이 지중해를 매개로, 교류의 다양성과 차별의 상반된 의미를 공유하는 소통의 여정이었다.

고대와 중세에 지중해문명의 공간 확장성은 크게 4차례에 걸쳐 진행되었다([그림 4] 참조). 첫 번째는 지중해의 연안 지역을 중심으로 다양한 규모의 공동체가 정착한 시기였다. 그리고 기원전 499~450에 소(小)문명권의 그리스 도시국가들과 대(大)문명권의 페르시아 제국이 에게해와 이오니아해의 주변 지역에서 벌인 충돌을 계기로 새로운 단계로 전환되었다. 이 시기에 시칠리아는 카르타고, 로마, 페니키아 그리고 그리스 도시국가들의 항해와 해상무역의 중간기착지로서 생필품 공급과 물류창고의 기능 그리고 거친 바다로부터의 피난처를 제공했다. 따라서 이 섬에는 지중해 문명의 선진 문물과 지적전통이 자연스럽게 교차되고 집중됐다.

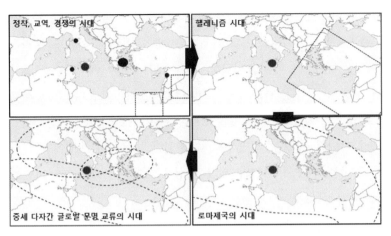

[그림 4] 지중해 문명교류의 공간 확장성과 시칠리아

두 번째는 헬레니즘 시대(BCE 334~CE 30)로서, 고대 지중해 문명이 전(全) 지중해 차원에서 최초로 역사의 시공간을 공유하였다. 문명 간 교류의 첫 시발(始發)은 그리스 반도와 에게해 그리고 -당시에도 국제도시들의 지역으로 알려져 있던- 이오니아해 연안에 집중되었으며, 이를 계기로 고대 지중해문명의 선진성을 상징하던 지중해 동부지역이 북아프리카의 이집트, 메소포타미아 지역과 함께 알렉산드로스의 헬레니즘 제국으로 재편되었다. 이는 고대 지중해가 오랫동안 품었던 다양한 정체성의 물질 및 정신이 오랜 기간의 교류를 통해 새로운 세대의 문명으로 거듭나는 계기이기도 했다.

이 시기에 동지중해와 서지중해는 시칠리아를 기준으로 구분되었다. 분리의 의미는 문화 정체성에서도 볼 수 있었다. 서지중해에서는 이탈리아반도를 정복하면서 내륙으로의 영토확장을 시도하던 로마와 서지중해를 중심으로 해상지배력을 확대하면서 경제적 부를 축적하던 카르타고 사이에서 미래의 지중해 해상권 독점을 둘러싼 무력충돌이 예고되었다. 시칠리아는, 동시에, 지중해 동단과 서단의 상통(相通) 교류를 이어주는 교량이기도 했다. 실제로 로마와 카르타고의 무력충돌은 시칠리아에 대한 지배권 전쟁이었으며 기원전 3세기와 2세기에 걸쳐 일어난 포에니 전쟁에서 승리한 로마는 지중해 차원의 제국 건설을 위한 첫 교두보를 마련한 것이나 다름없었다.

세 번째는 고대 지중해문명을 완결한 로마제국의 시대였다. 로마제국은 동서로는 대서양에서 메소포타미아에 이르고 남북으로는 스코틀랜드에서 북아프리카에 이르는 방대한 지역을 지중해와 소통시켰고 다인종 글로벌 사회를 건설했다. 그리고 문화적으로나

[그림 5] 지중해(BCE 265)

지정학적으로 그 중심에는 시칠리아가 있었다. 당시 시칠리아는 지중해 교통의 요지이면서 알프스 이북과 북아프리카·중동을 교통하고 이베리아를 아나톨리아에 연결하는 역할을 하였다. 또한, 시칠리아는 제국의 바다로 진입할 때 마주하는 로마의 첫 문명 등대나 다름없었으며 이 섬의 거리와 항구들에서는 국경 밖에서 유입되는 중동과 동방의 진귀한 문명유산들이 건축과 예술에서 그리고 심지어 시장들에서도 어렵지 않게 목격되었다.

네 번째는 로마제국의 분열 이후 고대 헬레니즘 문명을 계승한 동로마제국과 라틴-게르만 문명의 서유럽 그리고 유일신 종교의 이슬람교를 중심으로 중동과 메소포타미아 그리고 북아프리카를 통일한 무슬림 문명으로 재편된 중세 지중해문명의 시대였다. 중세의 새로운 관계 구도에서도 시칠리아는 정치에서 경제에, 문화에서 인적 교류에 이르는 삶의 모든 스펙트럼에서 중추적인 역할을 하였다. 세 정치세력의 공통된 관심의 대상으로서 시칠리아는 상이(相異)한 문화전통들의 역사적 공존이기도 했다.

4. '열린 경계'의 시칠리아

　이슬람의 진출은 시칠리아가 품은 지중해문명의 역동성이 확대되는 계기를 제공했다. 이슬람 등장 이전 지중해는 로마 문명의 유산을 계승한 유럽 문명의 일부로 남아 있었다. 반면, 7세기 이후에는 이베리아에서 레반트까지 지중해의 바다를 가로로 관통하는 문명 간 교류의 열린 경계가 형성되었다.

[그림 6] 7세기 이후 지중해 문명교류의 지리, 문화적 경계

Ⅱ. 중세 시칠리아의 문명교류[2]

1. 지중해 다인종 글로벌 제국의 고도(古島)

로마제국은 유럽기독교 세계의 라틴-게르만 문명이 성립하는 역사적 토양이었다. '유럽(Europa)'의 역사 공간을 창출하였으며, 종교, 이념적으로는 유일신 기독교를 잉태했다. 지적전통에서는 알렉산드로스의 헬레니즘 제국을 통해 그리스 도시국가들의 소규모 문명권과 메소포타미아 대규모 문명권의 전통을 계승해 중세 유럽 문명의 명분에 일조했다. 18~19세기 근대유럽의 역사연구를 통해 도시 문명의 전통에 대한 과도한 집착이 드러나기는 했지만, 고대 지중해의 대-소 문명 간 교류의 유산은 중세의 게르만 제국과 신성로마제국의 성립을 지원했다. 시칠리아는 이 모든 역사의 여정을 함께 했다. 비록 역사 변천의 주체적인 역할에서는 빗겨나 있었지만 모든 요인을 품어 새로운 시대로의 전환을 준비했다.

로마 공화정은 지중해의 해상권을 장악하고 있던 북아프리카의 카르타고에 승리한 후 시칠리아를 병합하였다. 이로써 로마는 서지중해의 해상권은 물론 동지중해로의 진출을 위한 전략적 교두보를 확보했다. 한편 지중해의 동편에 위치한 마케도니아와 그리스 반도의 문명유산은 이들 지역을 정복한 로마에게는 헬레니즘을 수용하는 계기였다. 사실 로마가 상속한 동지중해의 문화유산은 고대 그리스 문명이기보다 헬레니즘 문명인 것이 타당하다. 다만 알렉산드로스에 의한 문명 간 교류의 경우, 적어도 고대 그리

---

2) 본 글의 Ⅱ-2(시칠리아의 문명 교류)에서 <4. 접변의 문명교류>는 『사총(史叢)』의 2022년도 1월호에 실린 논문(「중세 시칠리아 문명교류 유형 분석, -무슬림, 노르만 그리고 호헨스타우펜의 지배를 중심으로-」)의 일부를 간략하게 요약한 것이다.

스 지역에서 그리스 도시국가들의 개인주의와 특히 민주정치의 유산이 더 큰 영향력을 가지고 있었던 것은 사실이다.

로마는 2차 삼두정치를 마감하는 악티움 해전 이후 사실상 제국의 면모를 갖추었다. 과거 공화정 시대에 씨족 대표들의 회의체였던 원로원이 국정의 최고 의결기관이었던 것과는 달리, 제국의 시대에는 황제 1인의 절대 권력에 의한 통치가 성립하였다. 로마는 공화정 시대에 상대적으로 다수에 의한 복잡한 통치기구로 운영되었으며 제국의 거대한 틀을 갖춘 후에는 단순한 1인의 지배체제로 통치되었다. 그럼 왜 로마는 1인의 강력한 권력에 의존하는 정치형태를 선택하였을까? 로마의 제국화는 삶의 전반에서 다인종 글로벌 사회 구축을 의미했다. 전체를 포함된 일부의 판단 기준으로 통치하는 방식은 더이상 효력이 없으며, 과거 포에니 전쟁의 위기에서 로마가 동맹세력들의 도움으로 승리할 수 있었던 점을 고려할 때, 오히려 로마의 위기를 자초할 것이 자명했다. 로마는 제국으로의 발전에 맞추어 로마법을 상위법으로 하는 법치에 의한 공존을 모색했다. 이는 제국 내 인종 간 다양한 원인의 갈등을 해결 또는 예방하고 이들의 평화적 공존을 모색하는 최선이었다. 법체계의 공정성 덕분에 로마는 기원전 751년부터 기원후 476년까지 그리고 동로마는 이후 1453년까지 대략 2,200년에 걸친 대장정의 삶을 역사에 남길 수 있었다.

로마제국의 글로벌 사회가 남긴 가장 두드러진 특징은 다인종 공존이 제국의 안과 밖을 구분하고 차단하는 국경의 폐쇄적인 틀 속에서 조성되고 유지되었다는 것이다. 다시 말해 로마제국의 다인종 글로벌성은 로마라는 단일한 정치권력에 국한된 사례일 뿐,

국가 간 또는 일정한 규모의 이질적인 공동체 간 접변이나 교류와는 경우가 달랐다.

2. 게르만 시칠리아의 중첩형 문명교류

지중해의 역사에서 상이한 공동체나 국가 간 교류에 의한 글로벌화의 진정한 의미는 게르만의 유입에서 찾아볼 수 있다. 기원후 2~3세기부터 로마제국의 국경에 출현했던 게르만은 서로마 제국이 몰락하기 얼마 전부터 이베리아와 이탈리아반도를 통해 지중해에 진출하였다.

게르만 비지고트족의 시칠리아 통치는 지중해로 남하한 다른 게르만 종족들의 경우와 별반 다르지 않았다. 게르만에게 로마의 유럽 지역과 지중해는 선진 문명의 상징이었으며 자신들이 거주하고 싶은 공간이자 공유하기를 원하는 문명의 수원지였다. 게르만에게 로마는 파괴하기보다는 단순히 자신들이 살고 싶은 신천지였기 때문에 결과적으로 지중해 지역에서 라틴-게르만의 공존은 불가피했다. 하지만 공유의 방식은 상호 간의 이해관계를 충족시키지 못했다. 당시의 보편적인 공존은 지배와 피지배의 구도였다. 이는 로마가 고수했던 국경 내 다인종 글로벌 공존의 방식과는 차이가 있었다. 게르만은 피지배자들과의 관계를 주도하는 세력으로서 위압과 착취에 가까운 방식으로 통치하였다. 피지배세력의 희생을 전제하고 강요하는 '일방적 관계성'의 지배구도는 게르만 시칠리아의 문명교류에 대한 분석의 대표적인 특징이었다. 이러한 현실에서 지배세력과 피지배세력의 문화 차이는 많은 사례에 있어 차별적인 의미로 표출되었으며, 상보성의 구도와 작용에서 벗

어난 채 개별적이고 배타적인 형태로서 상호 간 불신과 무관심의
태도를 양산하였다.

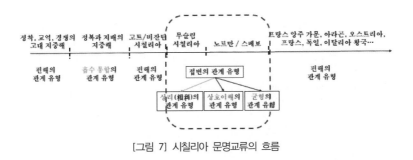

[그림 7] 시칠리아 문명교류의 흐름

기원후 6세기 시칠리아는 비잔틴 제국의 재정복 추진에서 비롯
된 고트 전쟁에 휘말렸다. 당시 비잔틴 제국의 입장은 고트족의
그것과 별반 다르지 않았으며 이로 인해 양자 간에 벌어진 첨예
한 갈등은 종교와 문화의 영역에서도 반복되었다. 아리우스파의
신앙을 가진 반달족과 고트족은 로마교회와의 교리 차이를 명분
으로 시칠리아와 북아프리카에 대해 약탈정책으로 일관하였다.

3. 접변의 문명교류

무슬림의 시칠리아 정복은 827년 이 섬의 북서부에 위치한 관계
로 북아프리카 튀니지로부터의 접근이 용이했던 카포 그라니톨라
(Capo Granitola) 상륙으로 시작되었다. 무슬림의 시칠리아 공략에
는 성향상 고대 그리스 도시국가들의 비교적 자유롭고 개인주의적
인 헬레니즘의 영향에 기울어 있던 에우페미우스(Euphemius)의 반
(反)비잔틴 성향이 일조했다. 이것은 1인의 절대 권력과 수직적이

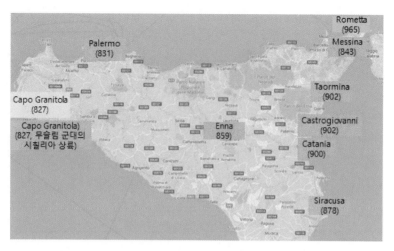

[그림 8] 무슬림의 시칠리아 정복

고 강압적인 통치방식보다는 상대적으로 지중해의 해상무역과 자유로운 교역 활동의 영향이었다. 당시 시칠리아와 그리스 반도의 군소세력들은 무슬림의 대외적인 이미지가 자신들의 경제활동과 관습을 유지하는데 한층 유리하다고 판단하고 있었다. 이와 더불어 무슬림의 시칠리아 침공을 상대적으로 용이하게 했던 요인으로는 당시 비잔틴 제국이 메소포타미아지역에서 발흥한 사산조 페르시아의 공격에 노출되어 있었다는 사실을 지적할 수 있다.

중세 지중해의 열린 경계는 북아프리카와 중동 그리고 메소포타미아지역에 이르는 방대한 지역이 유일신교인 이슬람의 종교성으로 통일됨으로써 비로소 가능했다. 이슬람의 출현은 그 자체의 종교적 의미보다는 7세기를 넘기면서, 이슬람 제국의 통일된 역량을 배경으로 지중해의 정치, 경제, 문화 그리고 사회 전반에 걸쳐 영향을 미치기 시작했다([그림 2], [그림 6] 참조). 당시의 변화 중 가장 주목할 부분은 중세 지중해의 열린 경계였다. 실질적으로 이베리아반도, 이탈리아반도의 남부지역과 시칠리아 그리고 지중해와 중동 그리고 인도양을 이어주는 레반트의 경계는 바다와 육지 그리고 섬을 모두 포함하였으며, 이와 같은 지정학적인 이유로 지중해를 이용한 모든 유형의 교역 활동에 직, 간접적인 영향을 미치고 있었다. 이 구역이 열린 경계인 것은 기독교 유럽 문명과 인도양 문명이 바로 이 경계의 문명 유동성을 통해 실질적으로 연결되어 있었기 때문이며 시칠리아는 그 중심에 있었다.

무슬림의 시칠리아 통치는 대략 250년 동안 지속되었다. 역사적으로 물질과 정신은 문명이라는 동전의 양면에 비유되며 서로의 상반된 특징에서 기인하는 상보적 관계 및 작용의 주된 동력이었다. 이와 관련해 교류, 즉 다방면적이고 미필적 차원의 유기적이고 복합적인 관계로 드러나는 관계 구도의 성립과 작용은 시칠리아에 대한 여러 연대기, 즉 10세기 이븐 하우칼의 지리서인 *Sūrat al-ard*, 12세기 알 이드리시의 『로제 2세의 서(書)』, 이븐 주바르(Ibn Ziubayr)의 여행기(Rihla), 14세기 아랍 지리학자인 알 히미아리(al-Himyari)의 『향기로운 정원의 서(Rawd al mi'tar)』, 10~11세기 케임브리지의 『연대기』, 13세기 이븐 알 아티르(ibn al Athīr), 이븐 함디스의 시 작품들 그리고 프리드리히 2세와 아이유브(Ayyubidi) 술탄국 사이에서 수발(受發)된 서신들에서도 잘 드러난다.

무슬림의 시칠리아 정복은 이슬람교의 확산을 위한 이론과 행동의 지하드 명분에 따라 추진되었다. 지하드는 이슬람 포교의 방향을 제시한 것으로 크게 두 방향에서 추진되었는데, 첫째는 북아프리카의 베르베르족이나 아라비아 주민들의 다종교 사회에 대한 비교적 강압적이고 강제적인 지배체제를 구축하는 것이었다. 반면

둘째는 당시의 유일신 종교를 신봉하는 자들과의 관계 구도 형성이었다. 후자는 전자의 경우에 비해 비교적 온건한 방식의 공존 구도를 동반했으며, 여기에는 과거 로마가 동맹 세력들에게 부과했던 외교권과 군사권 박탈, 그리고 세금 납부와 사실상 동일한 맥락의 공존 조건이 뒤따랐다. 경제적으로도 무슬림 시칠리아의 시대는 섬의 토착세력들이나 무슬림 지배세력 모두에게 상리(相利)의 조건이었다.

무슬림이 출현하기 이전까지 시칠리아는 로마의 전통에 머물고 있었으며 이후 비잔틴의 지배와 게르만의 출현으로 사실상 경제적 피폐(疲弊)의 참담한 수준에서 벗어나지 못하고 있었다. 무슬림의 등장은 시칠리아의 전략적 중요성을 증대시키는 결과도 동반했다. 이전 시대까지 시칠리아가 지중해와 그 연안 지역에 국한되었다면, 무슬림의 등장은 이를 넘어 지중해-중동-인도양을 연결하는 범(凡)유라시아-아프리카의 육지와 바다 모두를 포함하는 무슬림 경제권에 시칠리아가 편입된 것을 의미했다.

11세기 중반경 노르만은 메시나 상륙을 시작으로 시칠리아 정복에 착수했다. 1091년 노토(Noto)의 점령으로 정복을 완수한 노르만이 비교적 짧은 기간에 성공을 거둘 수 있었던 주된 이유는 당시 시칠리아의 무슬림이 사실상 도시 단위의 군소 정치세력인 타이파(taifa)들로 분열되어 있어 외부의 공격에 취약성을 노출시키고 있었기 때문이다. 로제 1세(Roger I, 1031~1101)에 의해 시칠리아가 정복된 이후 프랑스, 이탈리아, 스페인 등 서유럽의 각지로부터 노르만의 인척들이 몰려들었다. 아랍 무슬림인 알 이드리시(Muhammad al Idrisi)가 집필한『로제 2세의 서(書)』는 노르만의 시칠리아 통치, 즉 인종과 신앙 그리고 문화를 차별하지 않는 노르만 탕평책의 한 단면을 그대로 보여준다. 12~13세기에 살았던 발렌시아 출신의 무슬림 학자인 이븐 주바르는 메카에서 돌아오는 도중 풍랑을 만나 시칠리아에 피항했다. 그는 이곳에서 당시 굴리엘모 2세의 각별한 관심 덕분에 포로의 신세에서 벗어나 대략 4달 동안 섬의 전 지역을 여행할 수 있었다. 적어도 노르만 시칠리아의 도시들 경우 무슬림의 처지는 농촌에 거주하던 다른 무슬림에 비해 상대적으로 좋은 환경에서 지내고 있었으며 일부는 팔레르모의 노르만 궁정에서 정무(政務)의 중요한 역할을 담당하고 있었다. 반면 농촌 지역의 무슬림은 노르만 지주들과의 공존에서 열악한 상태를 벗어나지 못하고 있었던 것이 사실이다.

상기(上記)의 언급은 노르만 권력자들의 시칠리아 통치가 어떤 원칙에 따라 이루어졌는지를 짐작할 수 있게 해준다. 특히 로제 2세의 통치하에서 전성기를 누렸던 노르만 왕국의 위정자들은 섬의 다인종 글로벌 시칠리아 사회의 현실을 인정하고 이에 근거해 왕국의 번영을 지향하고 있었는데, 이는 교류의 유형에 있어 각 문화요인 간의 '상호이해'에 근거했다고 정의될 수 있다. 상호이해는 하나의 공동체 단위를 구성하는 문화요인 간 유기적인 관계와 작용이 상보적으로 작용했을 때 비로소 표현될 수 있는 개념에 해당한다. 노르만 치하에서 로제 2세가 아랍어로 신의 명령에 따라 백성을 인도하는 인물로, 굴리엘모 2세가 아랍어로 신을 찬양하는 인물로 기록된 사실, 아랍어 시가 당대 문화의 전면에 등장한 것, 노르만 궁정에서도 아랍어가 예외적인 수준을 넘어 공무에서도 사용되고 있었던 사실 그리고 당시의 통화(通貨)에 아랍어 가 등장한 점은 각 문화 주체들 간 상호이해의 의식이 전제되고 있었기에 가능했다.

호헨스타우펜 시칠리아의 역사는 프리드리히 2세의 시칠리아 왕국으로 대변된다. 학자들의 연구에 따르면 프리드리히 2세의 시 칠리아 통치는 한편에서는 반(反)글로벌화의 무슬림 차별로, 다른 한편에서는 다인종 글로벌 공존으로 해석되었다. 이를 가름하는 판단의 상징적인 기준은 13세기 초반 무슬림을 풀리아의 루체라 (Lucera)에 강제로 이주한 사건이었다. 후자의 글로벌 공존을 주 장하는 학자들은 루체라 사건이 단순한 인종적, 종교적 차별의 증 거가 아니라 오히려 농업 분야에서 발휘된 무슬림의 뛰어난 능력 을 통해 루체라의 침체된 경제를 재건하려는 발상이었다고 하였 다. 또한, 이 사건은 1221년 교황과의 관계개선을 위한 노력을 필 요로했던 프리드리히 2세의 입장에서는 외교적으로 긍정적인 결 과를 얻을 수 있는 기회이기도 했다. 이러한 해석의 근본적인 배 경에 있어 프리드리히 2세의 다인종 글로벌화에 대한 인식을 주 목할 필요가 있다. 루체라 사건은 그 대상이었던 무슬림이 기독교 문명에 대한 적대감 표출의 주체로 간주될 수 있는 경우였다. 즉 프리드리히 2세는 당시 시칠리아에서 반란을 일으킨 무슬림이 기 독교 문명 자체에 대한 저항을 보였다고 해석하면서 이들을 로마 교황청과의 화해를 위해 기꺼이 희생할 수 있는 장기판의 말로 간주했던 것이다. 만약 프리드리히 2세가 당시 섬 내에 거주하고 있는 무슬림의 적대행위를 호헨스타우펜에 대한 도전으로 해석했다면 탄압과 보복은 훨씬 강력했을 것이다. 호헨스타우펜의 군주는 자신의 부대에 무슬림으로 구성된 궁사들을 보유하고 있었다. 이들은 단지 시칠리아 다인종 글로벌 문명의 모자이크를 구성하는 조각이었을 뿐 결코 기독교 세계 전체에 대한 카운터 파트너의 지위에 있지 않았다. 시칠리아의 보편제국에 대한 이미지와 실천을 위한 의지는 시칠리아 군주가 설립한 나폴리 대학(1224)을 배경으로 로마법 전통에 근거해 추진했던 시칠리아 왕국의 헌법, 일명 멜피 헌법(Liber Augustalis)의 조항들에서도 잘 드러난다.

노르만 시칠리아 시대에 무슬림에 대한 판단이 기독교 유럽 문명의 적(敵)이라는 보편적인 의미의 무슬림, 즉 메카와 메디나로 상징되는 무슬림과 인식의 차원을 달리했다면, 호헨스타우펜의 시칠리아에서도 지역이나 인종 그리고 문화의 관점에서 무슬림의 키워드는 여전히 차별적인 의미의 차이를 드러내지 않았다. 아블라피아(D. Abulafia)가 주장한 노르만 시칠리아의 '라틴화(Latinisation)'는 그 취지가 기독교 유럽 문명의 입장을 대변하는 것에 불과했다. 오히려 지중해에 처음으로 자신의 정치 권력을 구축한 노르만과 보편제국을 지향했던 호헨스타우펜의 통치는 근본적으로 이해관계를 달리했을 뿐이며 여기에는 기독교 유럽이나 봉건 유럽을 위한 여지가 별로 없었다. 결론적으로 중세 지중해의 열린 경계 지역에 위치한 시칠리아는 기독교 유럽이나 중동 이슬람의 기준으로 저울질 될 대상이 아니라, 문명 흐름의 세대를 달리하는 무슬림 시칠리아, 노르만 시칠리아 그리고 호헨스타우펜의 시칠리아였다.

4. 일방적인 외세의 지배와 중첩형 문명교류의 회귀

1250년 프리드리히 2세의 사망은 시칠리아 보편제국의 원대한 계획이 좌절된 것을 의미했다. 4살의 어린 나이에 시칠리아 왕국의 통치권을 계승한 이후 프리드리히는 교황 인노첸초 3세의 보호를 수용해야만 했다. 이 기간에 어린 왕은 당시 봉건 유럽의 종교적 갈등과 이로 인한 혼탁한 정치적, 종교적 상황에서도 국제정치에 대한 안목을 키울 수 있었다. 하지만 궁극적으로 그는 유럽 기독교 세계와 중동-북아프리카 무슬림 문명의 사이에서 그리고 두 문명권의 어디에도 부합하지 않는 자신의 보편제국과 자기 신앙의 모태인 로마 가톨릭 사이에서 벗어나지 못했다.

그의 죽음은 시칠리아 문명교류의 역사에 큰 변화를 동반했다. 1268년 탈리아코초(Tagliacozzo) 전투에서 승리한 프랑스 엥거스(D'Angiò) 가문의 찰스 1세는 시칠리아의 새로운 주인이 되었다. 이 사건은 지배세력의 교체를 넘어 시칠리아의 문명 정체성이 근(近)과거와 단절하고 원(遠)과거, 즉 게르만 시칠리아의 시대 상황으로 회귀한 것이기도 했다. 찰스 1세의 통치하에서 시칠리아는 접변의 고유한 문명 정체성을 상실한 채, 유럽기독교 문명권에 예속되었는데, 이는 '미친 이반(Crazy Ivan)'의 충격에 비유될 수 있는 변화였다. 시칠리아의 문명 전환은 지리적으로나 문화적으로 중세 지중해의 열린 경계에 수정을 불가피하게 했다. 시칠리아는 정치적으로 프랑스 왕국의 일부처럼 간주되었고 종교적으로는 반(反)이슬람의 로마 교황청 영향권에, 문화적으로는 반(反)무슬림, 정치적으로는 반(反)오스만제국의 전초기지가 되었다. 그리고 유럽 문명의 변방으로 전락했으며 경제적으로는 중세 다자간 중계

무역의 우월한 지위마저도 상실했다.

사회적으로는 다인종 글로벌성의 실종이었다. 찰스 1세는 통치 자원의 동원에서 시칠리아 다인종의 구성을 배제함으로써 법적으로나 행정적으로 무슬림과 유대인들에 대한 탄압 조치의 근거를 제공하였다. 또한, 교황 마르티노 1세와 연합하여 비잔틴 제국에 대한 군사원정을 계획하면서 이를 위한 인적, 물적 자원을 시칠리아에 강요함으로써 외세의 지배와 섬 내의 피지배 간 낡은 갈등 구도의 부활을 획책했다.

이러한 탈(脫)글로벌화의 경향은 시칠리아 만종 사건을 계기로 시칠리아의 새로운 지배세력으로 등장한 아라곤의 통치 기간에도 변화되지 않았다. 시칠리아 주민들에게는 단지 외부세계의 지배세력이 교체된 것일 뿐 시칠리아 내부의 문명 유동성 회복도, 신뢰와 상호관계의 회복도 아니었다.

참고문헌

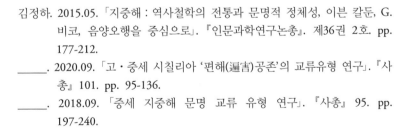

김정하. 2015.05. 「지중해 : 역사철학의 전통과 문명적 정체성, 이븐 칼둔, G. 비코, 음양오행을 중심으로」. 『인문과학연구논총』. 제36권 2호. pp. 177-212.

_____. 2020.09. 「고·중세 시칠리아 '편해(遍害)공존'의 교류유형 연구」. 『사총』 101. pp. 95-136.

_____. 2018.09. 「중세 지중해 문명 교류 유형 연구」. 『사총』 95. pp. 197-240.

_____. 2016. 「'관계균형론'과 지중해의 이중적 정체성」. 『서양중세사연구』 제 37호. pp. 141-178.

_____. 2014.09. 「지중해, 다문화 문명의 바다」. 『통합유럽연구』 제5권 2집. pp. 25-52.

_____. 2013.03. 「시칠리아 복수 문명권 사회의 '대칭적' 정체성에 대한 연구」. 『서양중세사연구』 제31호. pp. 1-31.

_____. 2021.10. <중세 중부 지중해 문명교류의 르네상스>. 지중해지역원 국제학술대회. 부산 : 부산외국어대학교.

윤용수. 2016.11. 「고대 지중해 문명 교류의 거대사적 해석」. 『지중해지역연구』 제18권 제4호. pp. 99-129.

윤용수. 2017. 「중세 지중해의 문명교류와 이슬람」. 『지중해지역연구』 제19권 제3호. pp. 61-88.

지중해지역원. 2017. 『지중해 문명교류학』. 이담북스.

Denis Mack Smith. 1983. *Storia della Sicilia Medievale e Moderna*. Editori Laterza.

이븐 할둔, 김호동(옮김). 2003. 『역사서설』. 아랍, 이슬람, 문명. 까치.

Leonardo Sciacia(감수). 1996. *Delle cose di Sicilia. Testi inediti, o rari*. Voll. 1. Selleria editore Palermo.

Chapter 2 | 지중해 세계와
시칠리아 문명교류

1부
고대 시칠리아의 글로벌화(기원전 8세기~6세기)
Ancient Globalisation in Sicily(8~6 BCE)

세바스티안 뮐러(Sebastian Müller, 부산외대 지중해지역원)

Sicily has a special role among the more than 3300 islands in the Mediterranean Sea. It is not only the biggest island, it is also prominently located in the center of the 'sea between the lands'. Due to its close proximity to the Apennine Peninsula and its comparative closeness to the Tunisian coast, Sicily has been an important bridge between the northern and southern Mediterranean. The geostrategic location of the island and its beneficial natural features has rendered it an attractive place for people to visit and settle. Archaeological sources prove that the island of Sicily has been occupied from the Stone Age illustrating its long history of human presence. An intensification of cross-cultural encounters is particularly visible from the Late Bronze Age (ca. 1500-1200 BC) through artefacts that were produced by the Mycenaean civilization in the Aegean region.[1])

The following period, the Iron Age, specifically from the 8th century BC is of tremendous importance for the historical development of the island, because in this period settlers from the Levantine coast, known as Phoenicians, and from the Aegean, the Greeks, established permanent settlements along the Sicilian coast. Ancient Sicily is therefore an important place for understanding the numerous encounters and interactions of people from different cultural backgrounds, which are considered to be a distinctive characteristic of the entire Mediterranean region.

Ⅰ. The Phoenician communities in the first half of the 1st millennium BC

At the end of the Bronze Age the political power structures in the eastern Mediterranean underwent enormous changes. During the course of wide-ranging upheavals at that time, formerly powerful civilizations were destroyed or lost their importance as nodal points in the dense distribution network of the eastern Mediterranean basin.[2] The collapse of one old order gave birth to new structures which included city-states along the Levantine coast, inhabited by people speaking a Semitic language, commonly

---

1) See for instance : Vincenzo La Rosa, *La presenze micenee nel territorio siracusano.* Padova : Bottega d'Erasmo, 2004.

2) Eric H. Cline, *1177 B.C. The Year Civilization Collapsed.* Princeton : Princeton University Press, 2014.

called the Phoenicians. It is very likely that the Phoenicians emerged from the Bronze Age Canaanites, who settled in the same region. The homeland of these city-states, also known as Phoenicia, stretched along the Mediterranean coastline into the territories of modern Syria, Lebanon and Israel (fig. 1). Although the inhabitants of the Phoenician city-states shared their language, religion and other cultural traits with each other, it is important to be aware that each city operated autonomously. The main anchor of identification for Phoenician individuals was in all likelihood the city and not so much a concept of ethnic or cultural identity.[3] In this sense it is an over-simplification to speak of *the* Phoenicians; there were different Phoenician communities with diverging interests and goals.

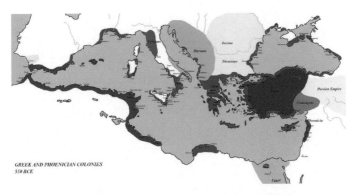

Fig. 1 : Distribution of Phoenician (red) and Greek (blue) colonies in the Mediterranean.

---

3) Josephine Crawley Quinn, *In Search of the Phoenicians.* Princeton and Oxford : Princeton University Press, 2018, xxiv.

Phoenician seafarers started to explore the sea from around 900 BC. Their main motivation was trade and it seems that they had a specific interest in metals such as tin, silver and gold. In course of the 7th century BC the Phoenician city states in the Levant came under the power of the Assyrian Empire, which is particularly famous for its extreme brutality towards cities and states that did not submit to the emperor.[4] Resources of any kind were extracted from the periphery of the empire and directed towards its center in order to satisfy the luxurious demands of the elite and to fuel the continuously working war machinery. The Phoenician cities could only maintain their autonomy, if they submitted to the demands of the emperor.

Fig. 2 : Reconstruction of the Phoenician city of Motya.

---

4) Mark Healey, *The Ancient Assyrians*. New York : Osprey.

Phoenicians have been described in ancient sources as skilled seafarers and traders who did not only navigate the Mediterranean Sea but also along the Atlantic coast of Africa[5] and to the north to Britain. Although it is assumed that different goods were traded according to the desires of the involved communities, the most famous and highly coveted Phoenician good was purple dye. The pigment that was used for coloring clothes – or due to its high costs, only parts of clothes – became an important means of elite distinction and a symbol of power in the Mediterranean. The production of purple dye was a very specialized process that required dedicated facilities, experience, and large amounts of small murex snails that lived in different areas of the Mediterranean Sea. Each individual snail contains only tiny quantities of the pigment, so that 12,000 snails were necessary to produce only 1.5 g of the pigment.[6] The pigment was an optimal trade good, since it was easy to transport, lightweight and small amounts made large profits.

Some of the Phoenician foundations in the Mediterranean were smaller outposts similar to the Greek *emporia* that allowed for maintaining and securing trade connections to local communities and to gather desired goods, before ships transported them to the mother-cities in the east.[7] Nevertheless, there were a number of

---

5) Herodotus, Histories 4.42.

6) Lloyd B. Jensen, "Royal Purple of Tyre," *Journal of Near Eastern Studies* 22, No. 2, 1963, 105.

7) Hans Georg Niemeyer, "The Phoenicians in the Mediterranean. Between Expansion and

settlements that became full-fledged cities among which Carthage
has been the most famous. Cádiz at the Atlantic coast of the
Iberian Peninsula is another example. For Sicily, the city of
Mozia/Motya on the coastal island of San Pantaleo next to the
western coast of Sicily, was obviously a full-fledged Phoenician
center of great regional significance (fig. 2). It seems that the
Phoenician seafarers and settlers did not impose any pressure on
the locals, nevertheless, it is clear that their permanent presence
in an area had a profound impact on the native communities.
The absence of written sources renders it impossible to know
whether the Phoenicians interfered in local politics or established
diplomatic ties in order to ensure the steady supply of desired
goods.

II. The Aegean in the 8th century BC

After the decline of the Mycenaean civilization at the end of
the Bronze Age (ca. 1100 BC), the Aegean entered what historians
describe as a 'Dark Age', which was marked by the absence of
contemporary written sources, the disappearance of monumental
architecture and centralized networks, and the seeming decline of

---

Colonisation : A Non-Greek Model of Overseas Settlement and Presence". In *Greek Colonisation. An Account of Greek Colonies and other Settlements Overseas*, edited by Gocha R. Tsetskhladze. Leiden : Brill, 2006, 154-160.

cultural achievements. From an archaeological perspective this time is characterized by the existence of smaller settlements, which were loosely affiliated with each other.[8] In the later evolutionary process of *synoikism* these settlements would grow together and form the Greek city states also called *poleis*.

Despite the enormous changes in the power structure in the eastern Mediterranean at the end of the Bronze and the beginning of the Iron Age, connectivity between the regions in this area did not come to a halt. The cemeteries of Lefkandi on the central Greek island of Euboea demonstrate close and vivid connections between the local community, the Levant and Egypt.[9] It is quite likely that Phoenician seafarers regularly landed at the shores of Euboea and other places in the Aegean before they ventured further into the central and western Mediterranean. It can be assumed that the Phoenician presence in the Aegean Sea had significant effects on Greek communities, which can be seen, among other things, from the adoption of the Phoenician script by the Greeks. It could be argued that even the motivation to leave one's homeland and to explore foreign shores in the Mediterranean was partly encouraged by the travelling Phoenician merchants. The general inclination to sail across the sea has,

---

8) James Whitley, "Social Diversity in Dark Age Greece". *The Annual of the British School at Athens* 86, 1991, 341-365.

9) Carla Antonaccio, "Warriors, Traders, and Ancestors : the "Heroes" of Lefkandi." In *Images of Ancestors*, edited by J. Munk Høtje, 13-42. Aarhus : Aarhus University Press, 2002.

nevertheless, deep roots in the Aegean Bronze Age. Minoan and especially Mycenaean seafarers ventured all the coasts along the eastern Mediterranean as well as the shores of Sicily and South Italy.[10] It is not completely implausible to assume that they even arrived in areas as far north as the *Caput Adriae*. Assuming that the knowledge of foreign shores never completely vanished from collective memory, the explorations of the Greeks in the 8th century would simply be the continuation of a longer Aegean tradition.

The reasons for the process known as Greek colonization have been intensively discussed. Although overpopulation has been mentioned as the main cause,[11] it is clear that a variety of reasons made settlers leave their home and try to build a new life on foreign shores. The use of the term 'colonization' has led to comparisons with the colonial endeavors of European states in early modern times which affected larger areas in the Mediterranean. Generally, it may be possible to identify a few common elements between both colonization processes, but there cannot be any doubt that there are also fundamental differences. Greek people used the term *apoikia* to refer to cities established outside the Greek homeland, which is translated as "home away

---

10) See for instance Thomas F. Tartaron, *Maritime Networks in the Mycenaean World*, Cambridge : Cambridge University Press, 2013.

11) Alexander John Graham, "The Colonial Expansion of Greece." In *The Cambridge Ancient History. The Expansion of the Greek World, Eighth to Sixth Centuries B.C.*, edited by John Boardman and N. G. L. Hammond, Cambridge : Cambridge University Press, 1982, 157.

from home". If the term colony is used in scholarly articles and books – as well as in the present book chapter -, it is only used in a very general sense, referring to a settlement founded by emigrants.

Although the colonization process is not mentioned in detail in available ancient sources, it is possible to derive a few pieces of basic information. It is, however, questionable, whether all colonial foundations were carried out under the same procedures. At least for the city foundations in Sicily an account of the Greek author Thucydides[12] is quite comprehensive and the most important reference for the chronology of the Greek cities in Sicily. According to the sources, it seems that the settlers who left their mother-city were led by a specific person, a so-called *oikist*.[13] It is not clear which skills and abilities rendered a person suitable for this position. If the foundation enterprise worked out well, the oikist became at least in some cases an almost divine figure honored and worshipped by later generations. For a number of colonial foundations two or more oikists are mentioned and this is often seen as an indicator that the settlers were composed of several groups coming from different mother-cities. It has been debated whether early colonization

---

12) Thucydides 6.3-5.

13) Gocha R. Tsetskhladze, "Revisiting Ancient Greek Colonisation." In *Greek Colonisation. An Account of Greek Colonies and other Settlements Overseas*, edited by Gocha R. Tsetskhladze. Leiden : Brill, 2006, xlvii-xlviii.

endeavors were organized by the polis or by private citizens. There is also no comprehensive information about the age structure and gender ratio of the colonists. It has been assumed that young males travelled to foreign shores and that they intermarried with local women. An argument for this hypothesis can be found in the form of local female costume attire in the cemeteries of the Greek colonies which seem to speak for the presence of local women in the Greek cities.[14] Even though it is plausible to assume that the first settler groups were mainly composed of males – due to potential conflicts with the local communities -, later arrivals to the colony were probably more diverse.

Before the settlers headed to their desired destination, the oikist went to the famous oracle of Delphi. It remains unclear what information was sought after there. For instance it might have been to ensure a safe passage or maybe even to get information about a suitable location for the foundation. Generally, it is not understood well, how the location for the new foundation was chosen. The colonies were all constructed on important geostrategic locations, but it is clear that the choice must have been made in consideration of already existing colonies and the presence of local people. As mentioned above, the shores of the area that was later known as the *Magna Graecia* – Sicily and

---

14) Angela Ziskowski, "Debating the Origins of Colonial Women in Sicily and South Italy." *ElAnt* 11(1), 2007, 139-157.

South Italy – were not unchartered territories for Greeks and we have to assume that Greek seafarers were familiar with the coast and the people living in this region before the first colonies were founded. It is not implausible to assume that the choice for a particular location was made based on current developments in the local communities and in some cases after negotiations with those people.

After the arrival of the settlers, the foundation process of the colonies was accompanied by rituals and religious ceremonies. The plan of the town was laid out as a regular grid of streets with parcels of land or blocks that were occupied by the settlers (fig. 3). Public spaces, temples and shrines were a regular component of all foundations. The earliest houses in the colonies appear to be quite modest and it is clear that the first generation of settlers had to cope with a number of hardships. We know from written sources that not all endeavors to establish a new settlement were successful, although the reasons for a failed foundation more often than not remain unknown.

The first Greek foundation in the central Mediterranean was Pithekoussai, established around 800 BC, on the island of Ischia in the Gulf of Naples. In the following movement of colonial foundations, the focus changed to the eastern coast of Sicily with the establishment of famous cities such as Naxos (734 BC), Syracuse (733 BC), Leontini (729 BC) and Megara Hyblaea (728 BC).

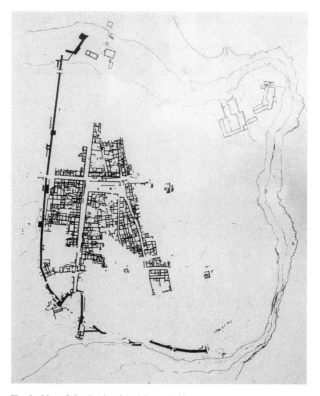

Fig. 3 : Map of the Greek colony Megara Hyblaea.

Generally, two waves of colony foundations can be distinguished (table 1). The first lasted from the second half of the eighth to the first half of the seventh century BC whilst the second wave started in the seventh century and lasted until the sixth century BC. Most of the foundations of the second wave were initiated by already existing cities of the first wave. The second generation foundations were seemingly often established for securing territory and strategic locations in the vicinity of the mother-city. This expansionist strategy is very different from the Aegean homeland in which the borders of the city-states were not contested before the beginning of the Peloponnesian war (431 to 405 BC).

Similar to the Phoenician communities, it is important to emphasize that the Greeks were politically organized in independent city-states whose relationships oscillated between being amicable and hostile. Despite a shared religion, language, and other cultural traits the main reference of identity for a Greek in the Archaic period was in all likelihood, the city.[15] In course of the Persian wars and through the colonial experience, the consciousness of a wider sense of identity emerged. For the Greek cities in Sicily this meant that they were not naturally bound by a commonly perceived ethnic identity. Each colony had its own interests and as more detailed analyses have shown, even the mother-cities in the Aegean were not able to keep a significant level of influence on the colonies abroad.[16] Apparently, the realities in the colonies required the development of new traditions and a set of unique cultural expressions to each foundation to generate the necessary cohesion for keeping the community together.

---

15) Irad Malkin, "Postcolonial Concepts and Ancient Greek Migration." *Modern Language Quarterly* 65, 2004, 343-344.

16) Holger Baitinger and Tamar Hodos, "Greeks and indigenous people in Archaic Sicily : methodological considerations of material culture and identity." In *Materielle Kultur und Identität im Spannungsfeld zwischen mediterraner Welt und Mitteleuropa : Akten der Internationalen Tagung Mainz, 22.-24. Oktober 2014*, edited by Holger Baitinger. Mainz : RGZM Tagungen, 2016, 19.

Ⅲ. Sicily on the eve of the Greek and Phoenician colonization

As mentioned above, the advantageous location and natural features of Sicily rendered it an attractive destination for people from different areas of the Mediterranean. When Phoenician, and a little later, the Greek seafarers arrived at its shores, the island was occupied by several communities who lived along the coast or in its hinterland. According to the accounts of ancient writers, the island was divided among three tribes, the Elymians in the

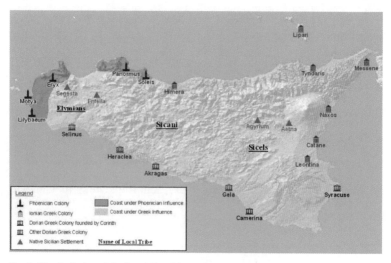

Fig. 4 : The distribution of Greek and Phoenician settlements in Sicily.

west, the Sicani in the center and the Sicels in the east (fig. 4). It remains a matter of dispute whether the people subsumed under these terms actually had a sense of community or a sense of togetherness.[17] Archaeological remains are the main source of information for understanding these local communities. Even though differences in material culture between different regions of Sicily are recognizable, there are no indicators that would confirm the existence of powerful centers that controlled larger regions of the island. It seems, that the local population was rather organized in smaller units which exerted control over limited areas.[18] This is important to keep in mind, since it renders generalizing statements on the reaction or response of *the* locals towards *the* Greeks or *the* Phoenicians as too simplistic. According to the current state of research, only individual cases can be analyzed and compared, which only allows conclusions to be drawn about these cases, but not about larger regions or the entire island.

In the past, historians, influenced by their classically centered education, have assumed that the Greek settlers must have been more advanced than the local communities in the western Mediterranean.[19] This sentiment is, however, not supported by the archaeological finds. Other than in early modern and real colonial settings, the technological advantage of the Greeks was

---

17) Robert Leighton, "Indigenous Society between the Ninth and Sixth Centuries BC : Territorial, Urban and Social Evolution." In *Sicily from Aeneas to Augustus : New Approaches in Archaeology and History*, edited by Christopher Smith and John Serrati (Edinburgh : Edinburgh University Press, 2000), 17-18.

18) Ibid., 18.

19) For a brief overview see Holger Baitinger and Tamar Hodos, "Greeks and indigenous people in Archaic Sicily : methodological considerations of material culture and identity," 16.

certainly not sufficient for controlling larger numbers of indigenous people with violence or superior armed force. If military dominance played a role in the occupation of foundation locations in the early phase of the colonization process, the main reason for the success was probably the lack of local group alliances on the island. We can assume that except for a few differences the living standards and the technological development of Greeks and locals were quite similar.[20] Differences existed in the style and quality of material culture and architecture. Although wine and olives were already known in Sicily before the arrival of Phoenicians and

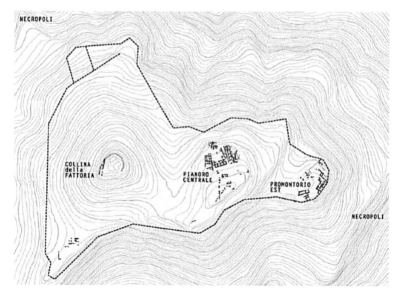

Fig. 5 : Map of the archaic city of Morgantina, Citadella ca. 550 BC.

---

20) Ibid., 19.

Greeks, the new settlers introduced new variants and probably refined techniques for viticulture and olive cultivation.[21]

There were also some differences. The Phoenicians and the Greeks had a higher level of social differentiation and administration. Furthermore, the adoption of the Phoenician script by the Greeks set them apart from the local communities in Sicily. The quality of Greek craftsmanship also rendered their products to be found favorable throughout the entire Mediterranean and beyond.

Archaeologically, the native Sicilian communities were in an advanced stage of the early Iron Age as Phoenician and Greek settlers started to establish permanent settlements on the island. Obviously, this meant that iron was used as a resource for producing weapons and tools. Bronze, the eponymous material of the previous epoch, was still highly in use. Sicilian communities as well as Greek and Phoenician groups possessed and used similar weaponry, although the actual techniques for handling them may have differed. The residential structures of the indigenous population were rather large with round or elongated oval floor plans. The settlements were probably more hamlet-like structures instead of urban places.[22] This, however, changed over time (fig. 5), probably under the influence and inspiration of Greek and Phoenician sites. Typical for the Sicilian communities

---

21) Franco de Angelis, *Archaic and Classical Greek Sicily. A Social and Economic History.* New York : Oxford University Press, 2016, 234-235.

22) Leighton, "Indigenous Society between the Ninth and Sixth Centuries BC : Territorial, Urban and Social Evolution," 34.

is the interment of their dead in rock-cut chamber tombs as found in sites like Pantalica or Morgantina.[23] Before the arrival of settlers from the eastern Mediterranean, the goods in the burials appear to be rather uniform and modest.[24] Despite a number of fieldwork projects and intensified research endeavors, particular aspects of the indigenous communities are still not well understood in detail. One of these is the gradual chronological sequence of features and finds[25] which is crucial for determining whether a particular cultural development happened before, during or after the arrival of the Greek and Phoenician settlers.

The overview so far demonstrated that all of the peoples in Sicily - natives, Phoenicians and Greeks - were not unified political blocks but diverse groups. These communities interacted with each other, competed and allied. A consciousness of ethnic identity developed slowly over the course of time and it was in all likelihood not a major reason for the establishment of amicable or hostile relations. It is even assumed that at times conflicts between groups of a similar cultural background were fought with greater ferocity due to similar motivations and goals.

---

23) Claire L. Lyons, *The Archaic Cemeteries. Morgantina Studies V*. Princeton, New Jersey : Princeton University Press, 1996. Robert Leighton, "Cassibile revisited : rock-cut monuments and the configuration of Late Bronze Age and Iron Age sites in southeast Sicily." *Prähistorische Zeitschrift* 91 (1), 2016, 124-148.

24) Leighton, "Indigenous Society between the Ninth and Sixth Centuries BC : Territorial, Urban and Social Evolution," 18.

25) Ibid., 16-17.

Ⅳ. Intercultural Encounters of local and Greek communities in eastern Sicily

Based on the above observations, it is clear that the social division of Sicily was extremely complex and diverse. Considering that the foundation of Greek and Phoenician cities took place over a longer period, it is presumable that the attitudes of the involved groups towards each other changed. Encounters between groups that meet for the first time or only sporadically are certainly different than interactions that take place on a daily basis, perhaps even in the same settlement. In this sense it appears to be necessary to define stages that may reflect these changing realities. A first stage can be set shortly to the time before Greek and Phoenician communities started to found their settlements along the shore of Sicily (ca. 800-735 BC). The second stage comprises the initial period of Greek colony foundation (734-688 BC). The third stage refers to the time as Greek and Phoenicians became part of Sicily's cultural canvas and were likely not considered foreign anymore. It is difficult to estimate the point of time of this development, but we may assume that it took around three or four generations. The fourth stage marks the time whereby Greek colonies started to expand their territory and as local communities began to adopt Greek cultural elements on a larger scale. The different contact times with local communities renders it possible that the third and fourth stages overlap in some regions.

The focus of the following considerations is on the encounter between Greeks and locals since our information for the Phoenicians is very limited. To understand the current state of research and the common historical narratives about Sicily in archaic and classical times, it is important to look at the available sources. Historical sources about this period were penned by Greek and Roman authors. Phoenician reports about their settlement activities in Sicily and other parts of the Mediterranean do not exist. Thus the Greek element is prominently emphasized in historical overviews and discussions. Generally the available written sources do not report extensively about the process of colonization, which is one of the reasons, why there are still many questions open to debate.

Stage 1 - The first encounters (ca. 800-735 BC)

The first encounters of Greek groups and local communities likely did not take place when the first colonies were delineated and constructed. There are indicators in the local cemetery of Villasmundo, close to the Greek colony of Megara Hyblaea, of points of contact in the first half of the 8th century BC.[26)] It is

---

26) Adolfo J. Domínguez, "Greeks in Sicily." In *Greek Colonisation. An Account of Greek Colonies and other Settlements Overseas*, edited by Gocha R. Tsetskhladze (Leiden : Brill, 2006), 268.

supposed that Greek settlers were previously informed of their destination by the preceding travels of other Greek groups and, perhaps, by Phoenician seafarers. Although unverified, it is at least possible that negotiations with local communities took place before a location was chosen. It can be assumed that the contacts in this phase were probably short and mainly for the purpose of trade or exchange. It appears to be plausible that only particular coastal sites were in contact with the seafarers.

Stage 2 – First wave of city foundations (734–688 BC)

After the foundation of Naxos in 734 BC by Greeks from the central Aegean island of Euboea, more cities were established in short sequence along the eastern shore of Sicily. The account of the Greek author Thucydides, which is supported by archaeological sources, informs us about conflicts with the locals, as in the case of the foundation of Syracuse or about co-operation as attested for the foundation of Megara Hyblaea. For other cities the cohabitation of Greeks and locals has been reported by Thucydides or indicated by archaeological sources. In some cases this phase did not last very long, before the Greeks expelled the natives from some of their cities.

Table 1 : Greek colonies in Sicily.

	colony	Foundation year	interaction with locals
	Naxos	734 BC	- according to tradition, the place was chosen due to the weakness of the locals - possibly presence of local women attested
	Syracuse	733 BC	- expulsion of the native Sicels
	Leontini	730/29 BC	- probably short cohabitation phase, then expulsion of the native Sicels
First wave of foundations	Catane	730/29 BC	
	Zancle	730 BC	
	Megara Hyblaia	728 BC	- territory allotted by king Hyblon
	Mylae	716 BC	
	Gela	688 BC	- campaigns against neighboring Sicans in the first years
	Acrae	663 BC	- location taken from natives?
	Himera	648 BC	
Second wave of foundations	Casmenae	643 BC	
	Selinus	628 BC	- perhaps location alloted by natives
	Camarina	598 BC	- close relations with locals - possibly natives in city
	Acragas	580 BC	

The actual number of settlers who arrived in course of a colony foundation in Sicily is unknown. For Naxos the weakness of the locals[27] has been mentioned as a reason for the selection of the location. This could mean that the local people were not able to defend themselves even against a rather small group of seafarers or that there was no presence of a local community due to the lack of interest in this area. In other cases the local communities might have outnumbered the new arrivals.

As mentioned above, it has been argued that the groups of Greek settlers were mainly composed of men who would after

---

27) Strabo 6.2.2.

their arrival and the foundation of the colony marry local women. This perception is supported in the burial sites of the colonial cemeteries where females were found with local conventional attire indicating that these women were local.[28]

There is no doubt that intermarriages between Greeks and locals took place and there was probably no better way to establish close and long-lasting ties between the communities. Nevertheless, there are also possible objections regarding this theory. First, though the cohabitation of locals and Greeks is verified by historical sources (table 1), which renders the presence of local women in the colonies less surprising, custom attire made of bronze and sometimes of precious metals, often in the shape of fibulae - brooch-like objects for keeping the clothes together - are useful chronological artefacts due to their comparatively rapid changes according to fashion. Fibulae can be also considered as group-related markers, but there is no argument that would speak against an adoption of these local fibulae by Greek women. Second, if Greek men married local women, we may expect that local men, who lived in the Greek cities, also married Greek women. The question of the origin of specific individuals in the cemeteries can be only ultimately answered by the trending discipline of bio-archaeology. Through

---

28) See Angela Ziskowski, "Debating the Origins of Colonial Women in Sicily and South Italy." *ElAnt* 11(1), 2007, 139-157.

the analysis of strontium isotopes in human teeth it is possible, for instance, to identify a person's place of origin. In either case, whether Greek women chose local custom attire or local women kept their adornment despite their marriage with a Greek man, the notion of the locals who blindly followed the example of the Greeks in all aspects of their culture is being challenged by these burials.

As mentioned above the Greek cities were outlined in a regular grid (fig. 3) which is very different from the organically grown cities in the Aegean. Interesting is also that most of the Greek colonies were constructed on strategic locations that often allowed access to the hinterland, for instance through the course of rivers. In this sense it can be assumed that contacts with local communities, for the purpose of trade, were part of the initial planning. Therefore it is very unlikely that the entire process of founding a city was carried out with the intent to use force and to cause hostility.

The extension of contacts with neighboring communities might have taken place in course of the construction of the city and it can be assumed that stable connections were established in a comparatively short time. Greeks and locals were very likely well discernible based on their language and their clothes. Inland sites of the local communities have sporadic finds of Greek artefacts, which indicates trade and exchange. Whether these finds in the hinterland can be understood as markers of direct contact remains, however, unclear, since particular goods might have been exchanged between local groups.

Stage 3 - Normalization

The normalization phase represents the time whereby the presence of Greek and Phoenician settlers was perceived as part of Sicily by the native population. Depending on the time the first contact took place this may have differed for each region with a colony. Moreover, it is difficult to estimate the beginning of this period for each region, since a number of factors come into play that in all likelihood influenced this process. If the Greeks or Phoenicians were in constant conflict with the locals, normalization would probably not be possible - or it would be at the expense of the existence of one of the involved communities. In cases where opposition or hostility towards the east Mediterranean settlers was not linked to the cultural memory of the local community we can assume, that after four generations, both Greeks and Phoenician settlers were considered locals themselves. Due to the above mentioned diversity of the local populations, we have to assume that the perceptions on the Greeks and Phoenicians differed considerably between the local communities. Remotely located inland sites may have come into contact with Greeks and Phoenicians much later than those settlements of the coast or next to courses of rivers.

Although the first generation of Greek settlers faced a number of hardships, most cities managed to improve the living conditions and their wealth comparatively quick. It is more than likely that the population in the cities was not only composed of Greeks. Similarly it is not unlikely that smaller groups of Greek people lived in locations occupied by the locals.

Stage 4 – Colonial expansion and intensified acculturation

Other than in the Aegean homeland of the Greek settlers, the expansion of spheres of interest already played a role in the first wave of colonial foundations in Sicily. This was even more the case during the second wave (from 663 BC). Aside from the fact that the political system of the Sicilian Greek colonies often developed into tyrannies, it seems that there was a general need to gain control of the area surrounding the colony and to secure the routes into the hinterland.[29] It is surmised that the fragmentation of the local groups led to a complicated web of alliances and oppositions with the Greek cities. Besides, the cities were, as in the Aegean, politically independent units which stood partly in fierce competition with each other.

---

29) Adolfo J. Domínguez, "Greeks in Sicily," fig. 10.

Greek artefacts and other elements of Greek culture are from this period forward a common feature of local sites. Greek pottery was imitated and partly re-interpreted leading to hybrid shapes.[30] Similar developments are visible in the Phoenician parts in western Sicily, although the presence of Phoenician material culture has been less often observed to date. Changes of the domestic architecture to smaller rectangular floorplans and a denser building structure in local sites has been ascribed to Greek influence (fig. 5). The widely observable fortification of local settlements is certainly a sign of increased tensions between the different communities in Sicily. Nevertheless, fortifications also have a symbolic function, signaling power and authority and they could be, thus, interpreted as an attempt by the local elite to be recognized by the Greeks as proper city[31] and to be on a par with the colonies. The consumption of Greek wine and the adoption of related customs by the local people, specifically the elite, is suggested by the artefacts found in the settlements and cemeteries.[32] The use of the Greek script is attested by numerous inscriptions on pottery shards and other objects. The burial customs show a high degree of hybridity. Most of the

---

30) For example : William M. Balco, "Thinking Beyond Imitation : Mixed-style Pottery in Ancient Western Sicily." *Journal of Mediterranean Archaeology* 31(2), 2018, 180-202.

31) As research has shown, the presence of a fortification was a necessary feature for each settlement to be recognized as a real city by the Greeks.

32) Holger Baitinger and Tamar Hodos, "Greeks and indigenous people in Archaic Sicily : methodological considerations of material culture and identity," 22.

dead were still interred in rock-cut chamber tombs in accordance with the local tradition but the way how the bodies were placed inside the chambers shows often the adoption of Greek customs which renders it difficult to make assumptions on the ethnicity of the buried individuals based on the grave type or the grave goods.[33] Generally, the locals show a strong favor towards Greek material culture. It is very likely that locals lived in Greek cities and Greeks resided in local settlements in different kind of constellations. Intermarriages between the communities were probably very common and not limited to a specific group.

V. Acculturation of the local population

By comparing the artefacts and other aspects of the local culture, it seems that the local groups became completely assimilated into the Greek cultural sphere or - as it is being called - Hellenized over time. Early generations of scholars, who have mostly focused on the Greeks and their cultural achievements, did not consider the role or motivations of the local communities properly. They were convinced that the Greeks exerted a cultural hegemony which made it impossible

---

33) Sebastian Müller, "Revisiting the Archaic Chamber Tombs of Morgantina, Sicily : Ethnicity and Identity Transition in an Ancient Intercultural Setting." *History and the World* 49, 2016, 178-183.

to resist for the local communities.[34] This opinion arose from the lack of information about the local communities or because of a general disregard for non-Greek matters. The notion of a one-sided acculturation process has been contested in later times, because of the insights of other academic subjects such as anthropology and sociology as well as specialized disciplines like post-colonial or frontier studies. Essentially, there is no reason to believe that acculturation is ever a one-sided process and that adoptions of non-native cultural elements happen out of the motivation to become completely assimilated by the other culture. Often, foreign elements are integrated into the local cultural background and used accordingly. The contact between groups of different cultural backgrounds is creating a space of mutual influences that impacts – to a smaller or larger extent – all involved groups and creates cultural traits that did not exist before. Archaeological research has to rely mainly on material culture which can reveal important insights, but is also limited in a number of aspects. Taking the occurrence of foreign objects or their imitations as proof for a one-sided acculturation process has been recognized for some time as misleading and as a simplification of the actual situation in the past. Self-identifications of people, for instance regarding their ethnicity, are changeable and not even

---

34) For a brief overview see Tamar Hodos, *Local Responses to Colonization in the Iron Age Mediterranean*. London and New York : Routledge, 2006, 10-11.

related to seemingly determining elements such as language, religion, customs, material culture etc.[35]

Analyses of the actual contexts in which Greek or imitated objects occur as well as a focus on the entire assemblage of the sites demonstrates that often Greek or foreign objects are neither the majority of artefacts nor indiscriminately accepted by local communities. For instance it has been observed that imported Greek vessels are mainly connected to the consumption of wine. Perfume flasks, called aryballoi, which are a typical element of each Greek artefact assemblage – and an integral part of Greek culture – were, however, not used.[36]

If the impact of Greek culture on native settlements is assessed by the occurrence and frequency of artefacts of Aegean or colonial origin, it becomes obvious that the proximity to a Greek city in Sicily played a major role. Due to the topographic setting of Sicily with its mountainous areas, proximity is not measurable by geographic distance alone. Settlements that were connected through rivers were much more embedded in the network of exchanges and communication than locations in less accessible mountain ranges.

---

35) Catherine Morgan, "Ethnic expression on the Early Iron Age and early Archaic Greek mainland. Where should we be looking?" In *Ethnic Constructs in Antiquity. The Role of Power and Tradition*, edited by Ton Derks and Nico Roymans. Amsterdam : Amsterdam University Press, 2009, 12.

36) Tamar Hodos, "Wine Wares in Protohistoric Eastern Sicily." In *Sicily from Aeneas to Augustus : New Approaches in Archaeology and History*, edited by Christopher Smith and John Serrati, 41-54. Edinburgh : Edinburgh University Press, 2000.

It is important to point out that Greek goods such as pottery had a wide distribution in the entire Mediterranean and not only in Sicily. These goods represent in some sense a "globalized" taste within the region, which does, however, not correspond to a full comprehension or adoption of the Greek customs and traditions connected to these goods. In archaeological contexts, which allow for a deeper analysis, it becomes obvious that these globalized objects were actually glocalized,[37] which means they were used in a local way that could deviate significantly from the Greek tradition.

Although there is no doubt that the impact of the Greek colonies on the native population has to be assessed beyond the outdated and certainly too simplistic theory of a one-sided acculturation, the situation in the 4th century BC speaks for a Greek dominance in many fields. As has been mentioned above, the Greek communities did not possess a specific technology that would have granted them an unprecedented advantage towards the local communities. Thus, the question arises what the actual advantage of the Greek groups was. Who were the agents that were responsible for the spread of Greek culture and what were the reasons for its adoption by the locals?

There is the idea that when the Greek and Phoenician settlers

---

37) Kostas Vlassopoulos, *Greeks and Barbarians*. Cambridge : Harvard University Press, 2013, 274-277.

arrived in Sicily, the local population was not very stratified socially. This is being suggested by the grave goods which appear all to be rather modest and not very diverse.[38] Nevertheless, Thucydides mentions the Sicel king Hyblon and even if this king - presupposed he existed at all - was maybe rather a chieftain or some other leading individual in his community, we can assume that the possession of Greek goods, at the very least, bestowed the veneer of being elite. As the first contacts with Greek seafarers took place and also during the foundation of the colonies, the presence of people from the eastern Mediterranean was certainly a special event for the local communities and it is very likely that their elite communicated with the strangers. As was a common custom the exchange of gifts was probably part of these interactions, which allowed the elite to acquire foreign objects. These objects did not only emanate the aura of exoticism, they could be actively used for legitimatizing authority and for the distinction of their owners.[39] Retrieving exotic goods and establishing connections to foreign lands in order to raise one's status within the own group was in all likelihood an important stimulus for people in the Aegean to travel and explore the Mediterranean Sea from the Bronze

---

38) Leighton, "Indigenous Society between the Ninth and Sixth Centuries BC : Territorial, Urban and Social Evolution," 18.

39) Mary W. Helms, *Ulysses' Sail : An Ethnographic Odyssey of Power, Knowledge, and Geographical Distance.* Princeton : Princeton University Press, 1988.

Age as well.[40] As long as the contacts were rather sporadic, the elite was able to restrict the access to the foreign goods and to monopolize their possession. Aside from possible delegations from the cities, we must assume that merchants soon also traveled to the local settlements. At this stage only influential and wealthy individuals were able to afford the offered goods. The ownership of specific objects related to the Mediterranean elite culture established a link to distinguished groups of other communities, people who resided in the eastern Mediterranean and who possessed outstanding wealth. One of the biggest advantages of the Greek cities was their inclusion into an already existing network. Therefore, permanent contact with Greek merchants and other Greek individuals allowed local elites to be part of this "global" Mediterranean network.[41] There are hints in the archaeological sources that as time passed, smaller groups of Greek people resided in local settlements.[42] It is very likely that they were specifically accommodated by the elite, since their presence provided a permanent link to the Mediterranean world and it raised the elite member's status within the local communities. As Greek cities produced their own goods

---

40) Müller, Sebastian. "Sailing Heroes : Tracing Mycenaean Encounters with the Istrian Gradina Culture." *The Journal of Classical Studies* 60, 2021, 34-35.

41) Philip D. Curtin, *Cross-cultural trade in world history.* Cambridge : Cambridge University Press 1984, 2.

42) Sebastian Müller, "Revisiting the Archaic Chamber Tombs of Morgantina, Sicily : Ethnicity and Identity Transition in an Ancient Intercultural Setting," 183.

and connections to the motherland secured a steady supply of even more exotic objects, it can be assumed that the access to more commonly used objects became less restricted over time. Now local elites faced the problem that their means of elite distinction - the possession of Greek goods - which was important to formulate and justify their claim to power within their community, was not sufficient anymore. As a consequence, local elites had to adopt more cultural elements of the Greeks such as customs, language, burial rites and other rituals in order to set themselves apart from their community. This process could be termed as voluntary association.[43] Subsequently, the elements chosen by the elite were emulated by other groups of the community leading to a wide adoption of Greek cultural elements, although the identification with older traditions played still a role.

In this sense we can assume that the process of Hellenization was rather subtle and did not necessarily happen with the mindset of locals to resemble all aspects of Greek culture. It was more about the adoption of particular elements of Greek culture and their reinterpretation, particularly set in motion and perpetuated by the local elite that led to a strong inclination towards Greek goods and customs. The Greek cities in Sicily were from the very beginning of their existence part of a wider

---

43) For a discussion of voluntary association and other concepts see Jerry H. Bentley, *Old World Encounters : Cross-Cultural Contacts and Exchanges in Pre-Modern Times*. Oxford : Oxford University Press, 1993, 6-7.

network that distributed goods in the Mediterranean and thus created a 'globalized' taste and style for this region. In this sense the adoption of Greek cultural elements by the local communities is not so much a sign of their lack of agency or their cultural backwardness, it is rather a sign of connectedness and involvement in the increasing web of communication across the Mediterranean.

Reference

Antonaccio, Carla. 2002. "Warriors, Traders, and Ancestors : the "Heroes" of Lefkandi." In *Images of Ancestors.* edited by J. Munk Høtje. Aarhus : Aarhus University Press. pp. 13-42.

Baitinger. Holger and Tamar Hodos. 2014. "Greeks and indigenous people in Archaic Sicily : methodological considerations of material culture and identity." In *Materielle Kultur und Identität im Spannungsfeld zwischen mediterraner Welt und Mitteleuropa : Akten der Internationalen Tagung Mainz. pp. 22.-24.* edited by Holger Baitinger. 2016. Mainz : RGZM Tagungen. pp. 15-31.

Balco, William M. 2018. "Thinking Beyond Imitation : Mixed-style Pottery in Ancient Western Sicily." *Journal of Mediterranean Archaeology* Vol. 31 No. 2. Pp. 180-202.

Bentley, Jerry H. 1993. *Old World Encounters : Cross-Cultural Contacts and Exchanges in Pre-Modern Times.* Oxford : Oxford University Press.

Cline, Eric H. 2014. *1177 B.C. The Year Civilization Collapsed.* Princeton : Princeton University Press.

Crawley Quinn, Josephine. 2018. *In Search of the Phoenicians.* Princeton and Oxford : Princeton University Press.

Curtin, Philip D. 1984. *Cross-cultural trade in world history.* Cambridge : Cambridge University Press.

De Angelis, Franco. 2016. *Archaic and Classical Greek Sicily. A Social and Economic History.* New York : Oxford University Press.

Domínguez, Adolfo J. 2006. "Greeks in Sicily." In *Greek Colonisation. An Account of Greek Colonies and other Settlements Overseas*, edited by Gocha R. Tsetskhladze. pp. 253-357. Leiden : Brill

Graham, Alexander John. 1982. "The Colonial Expansion of Greece." In *The Cambridge Ancient History. The Expansion of the Greek World, Eighth to Sixth Centuries B.C.* edited by John Boardman and N. G. L. Hammond. Cambridge : Cambridge University Press. pp. 83-162.

Healey, Mark. *The Ancient Assyrians.* New York : Osprey.

Helms, Mary W. 1988. *Ulysses' Sail : An Ethnographic Odyssey of Power, Knowledge, and Geographical Distance.* Princeton : Princeton University Press.

Hodos, Tamar. 2000. "Wine Wares in Protohistoric Eastern Sicily." In Sicily from Aeneas to Augustus : New Approaches in Archaeology and History. edited by Christopher Smith and John Serrati. Edinburgh : Edinburgh University Press. pp. 41-54.

Hodos, Tamar. 2006. *Local Responses to Colonization in the Iron Age Mediterranean.* London and New York : Routledge.

Jensen, Lloyd B. 1963. "Royal Purple of Tyre." *Journal of Near Eastern Studies* Vol. 22 No.2. pp. 104-118.

La Rosa, Vincenzo. 2004. *La presenze micenee nel territorio siracusano.* Padova : Bottega d'Erasmo.

Leighton, Robert. 2000. "Indigenous Society between the Ninth and Sixth Centuries BC : Territorial, Urban and Social Evolution." In *Sicily from Aeneas to Augustus : New Approaches in Archaeology and History.* edited by Christopher Smith and John Serrati, 15-40. Edinburgh : Edinburgh University Press.

Leighton, Robert. 2016. "Cassibile revisited : rock-cut monuments and the configuration of Late Bronze Age and Iron Age sites in southeast Sicily." *Prähistoriche Zeitschrift* Vol.91 No.1. pp. 124-148.

Lyons, Claire L. 1996. The Archaic Cemteries. Morgantina Studies V. Princeton, New Jersey : Princeton University Press.

Malkin, Irad. 2004. "Postcolonial Concepts and Ancient Greek Migration." *Modern Language Quarterly 65.* pp. 341-364.

Morgan, Catherine. 2009. "Ethnic expression on the Early Iron Age and early Archaic Greek mainland. Where should we be looking?" In *Ethnic Constructs in Antiquity. The Role of Power and Tradition*, edited by Ton Derks and Nico Roymans. Amsterdam : Amsterdam University Press. pp. 11-36.

Müller, Sebastian. 2016. "Revisiting the Archaic Chamber Tombs of Morgantina, Sicily : Ethnicity and Identity Transition in an Ancient Intercultural Setting." *History and the World* 49. pp. 161-198.

Müller, Sebastian. 2021. "Sailing Heroes : Tracing Mycenaean Encounters with the Istrian Gradina Culture." *The Journal of Classical Studies* 60. pp. 7-43.

Niemeyer, Hans Georg. 2006. "The Phoenicians in the Mediterranean. Between Expansion and Colonisation : A Non-Greek Model of Overseas Settlement and Presence". In *Greek Colonisation. An Account of Greek Colonies and other Settlements Overseas*, edited by Gocha R. Tsetskhladze, pp. 143-168. Leiden : Brill,

Tartaron, Thomas F. 2013. *Maritime Networks in the Mycenaean World*, Cambridge : Cambridge University Press.

Tsetskhladze, Gocha R. 2006. "Revisiting Ancient Greek Colonisation." In *Greek Colonisation. An Account of Greek Colonies and other Settlements Overseas.* edited by Gocha R. Tsetskhladze, xxiii-lxxxiii. Leiden : Brill.

Vlassopoulos, Kostas. 2006. *Greeks and Barbarians.* Cambridge : Harvard University Press.

Whitley, James. 1991. "Social Diversity in Dark Age Greece." *The Annual of the British School at Athens* 86. pp. 341-365.

Ziskowski, Angela. 2007. "Debating the Origins of Colonial Women in Sicily and South Italy." *ElAnt* Vol. 11 No. 1. pp. 139-157.

2부
중세 시칠리아의 기독교인과 이슬람교도의 관계
(The Relations between Christians and Muslims in Medieval Sicily)

모나 파루끄(*Mona Farouk M. Ahmed*, 부산외대 지중해지역원)

I. Sicily the crossroad of civilizations

Being the largest island in the Mediterranean Sea with its location close to both Christian and Muslim worlds, Sicily was always an important crossroad connecting the Mediterranean peoples throughout history. The geostrategic location of Sicily as one of the important gates to the European continent attracted Muslims and Christians' hopes to control this island through invasion and conquest resulting in several confrontations between them over the lands of Sicily. Those confrontations led to close contacts between Muslims and Christians contributing to the inter-civilizational encounters between those conflicting cultures. In fact, the relations between Muslims and Christians in Sicily witnessed various phases including cooperative relations away from conflicts. In this chapter, we will explore those phases of relations throughout Sicilian history.

The history of medieval times witnessed various phases of the relations between Muslims and Christians including periods of conflicts, wars, and other periods of peaceful coexistence. Sicily is a good example of the cases having rich encounters between the two cultures of Arab Muslims and European Christians. The Sicilians were ruled by both Christians and Muslims for periods in their history, as Sicily was conquered by Muslims in the ninth century to continue under Muslim rule for over two centuries. The Muslim rule of Sicily was followed by Christian rule that gradually vanished the Muslim existence in Sicily. During those periods of Muslim and Christian rules in Sicily, the Sicilian society was influenced by both Islamization and Christianization policies resulting in changing the demographic structure of the Sicilian population. Thus, we can see periods of Sicilian history showing the Sicilian population with a Muslim majority and then gradually that Muslim population decreased changing the demographic population of Sicily to appear with a Christian majority till the present time. Tracing the relations between those Sicilian Muslims and Christians would be interesting showing the role of religion in forming both political and social life in Sicily. Thus, when we are speaking about the role of religion in Sicily through its history we are focusing on two main religions which are Islam and Christianity.

In this chapter, we will try to answer some questions related to the relations between these two religions throughout Sicilian history. The first question would be about the emergence of the two religions in Sicily and how they evolved to spread out in the Sicilian society. Also, how was the relation between the two religions in Sicily since then, and how it evolved?

II. Christians in Sicily

The history of Sicily witnessed the Greek period, Roman period, and the Byzantine period before the Muslim period. Thus, it was natural that those periods would have their influence on the culture and demographics of Sicily. As for the religious status of Sicily, in the Roman period, Sicily witnessed the emergence of its first Christian communities. The earliest Christian martyrs included some Sicilian saints like Saint Lucy of Syracuse and Saint Agatha of Catania (Finley, Smith and Duggan 1987, 45-46). Seeing the historical timeline, as the presence of Christianity preceded Islam, Christianity had enough time to get rooted in Sicily a long time before Muslims arrived on the Island.

Tracing the Christianity history in Sicily, we can see that some Sicilian cities including Palermo and Messina claim of being evangelized by the immediate disciples of the Apostles or by Saint Peter and Saint Paul. Saint John Chrysostom, who was the archbishop of Constantinople in the year 397, reported that Saint Paul preached in Sicily and that he stayed somedays in the Sicilian city Syracuse. The Christianity's old emergence in Sicily can be clear seeing its prosperity on the island by the end of the second century. Sicilian famous Christian figures of that era include Saint Pantaenus, the teacher of the famous Greek Christian theologian Saint Clement of Alexandria, who himself visited Sicily while he was studying Christianity. Also, the letters of the bishop of Carthage, Saint Cyprian of the third century mentioned the continuous relations between the church of Sicily and the church of Carthage. Moreover, Christian cemeteries discovered in many Sicilian cities including main cities like Palermo, Messina, Catania, and Syracuse prove the deep roots of Christianity in the Sicilian Island (Benigni 1912). The following map shows the location of the main Sicilian cities that will be mentioned in this chapter.

Fig. 1 : Map of the main Sicilian cities

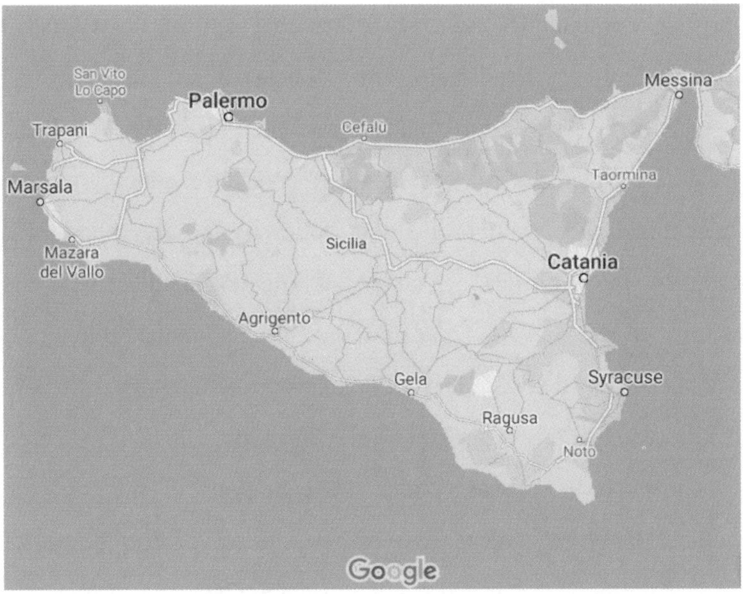

Source : (Google maps 2021)

Sicily was a part of the Roman Empire where Christianity rapidly spread after the conversion of the Roman Emperor Constantine in the fourth century (Lunn-Rockliffe 2011). Before that, many incidents showed that Roman rulers like Emperor Diocletian in the third century adopted anti-Christian policies persecuting Christians and encouraging paganism. Eventually, in 380, Christianity was declared as the formal religion of the Roman Empire through a royal decree including clear anti-paganism policies in contrast with the former times (Hellfeld 2009). Naturally, the people of that era followed the religion adopted by their conquerors. However, in the case of Sicily, we can see that Christian communities aroused before that era of the Christian Roman Empire. Expectedly, the increase of the Christian population in Sicily took place since then and lasted till the island fell under the rule of the next conqueror adopting Islam. Thus, under the Muslim rule, that followed the Byzantine rule, gradually the Muslims replaced the Christians to consist the majority of the Sicilian population by the end of that rule.

Predictably, the Sicilian Christians resisted the Muslim conquest which faced difficult proceedings until it could succeed in controlling the Island. Under the conditions of the war, the conflicts involved violent acts against resistant Sicilian people of Christian majority that included killing, imprisoning, and enslavement. In this context, we can mention the situation of the Muslim siege of the Sicilian city of Taormina where it was reported by many historians that the surrender conditions of that city in 962 included the acceptance of enslaving its population. Then, sooner the city was repopulated by Muslims and was renamed after the name of the Fatimid Khalifa Al-Moez to be called Al-Moizziya (Ibn Al-Athir 2012, 240). But, this hostility did not dominate the relations between Christians and Muslims in Sicily during the peaceful times away from the military operation of the conquest. However, seeing the enslavement of some Christian Sicilian by Muslims due to those military operations or by inheriting them from the former Byzantine rule that adopted an enslavement system, we can expect an inferior social status of those enslaved Christian Sicilians. We can also expect them to have close contact with the Islamic culture while they live as slaves for Muslims. Thus, it is understandable to see some of those Christians adopt Islam through the long time of Muslim rule.

The Christians of Sicily were mostly Greek-rite Christians as they compromised almost a third of the island at the time of the Norman Conquest. The Greek Christians concentrated mainly in the northeast region of Sicily called Val Demone (its location is shown in the map of Fig. 3 in the following section), while other parts of the island were dominated by the Muslim population. During the conquest operations, the Greek Christians supported the Normans and facilitate their success starting from the east of Sicily. Thus, it was understandable for Normans to favor the Greek Christians under their rule. By then, as most of the Christians were Greeks, the Normans used Greek officials and used the Greek language in issuing official documents. It is worth mentioning that Normans did not possess a Latin writing office in Sicily until 1127 when the second Norman king of Sicily, Roger Ⅱ, inherited the duchy of Apulia, and the Greek language continued to be used in his official documents as well. Also, we can see that the Norman Kings employed Greek Christians in many important posts as the chief ministers of

King Roger were Greeks. Among them we can mention George of Antioch, whose rank was as 'Emir of Emirs' equal to the prime minister, and only after his death at the beginning of the 1150s, Latin Christians emerged prominently in the Norman administration. Even though under the administration of those Latin Christians, Greeks and Arabs as well, continued to be used in the royal Norman administration while Latinization gradually took place and the Greeks declined (Loud 2016, 133-136).

Accordingly, the number of the Greek-rite Christians decreased and was replaced by the Latin-rite Christians during the Norman rule. This Latinization process took place while the Normans adopted soft policies integrating the diverse groups presented in the Sicilian society including Greeks. Similar to the status of Sicilian Muslims, Greek Christians enjoyed good conditions under Norman rule and were used in many positions in the Norman court. In the same while, the Latinization process with the repopulation of many regions of Sicily resulted in the shrinkage of the Greek populations by the end of this period and the same thing happened to Sicilian Muslims as well.

III. Muslims in Sicily

When we explore the emergence of Islam in Sicily, we can
see that the Sicilian Island was one of the closest European
lands to the Muslim lands of Africa. As seen in the following
map of Fig. 2, Sicily is located in the center of the Mediterranean
Sea with only a few kilometers far from the Arab African
country Tunisia. Thus, it's understandable that Muslim travelers,
traders, and also invaders would have reached Sicily several
times throughout history.

Fig. 2 : Location map of Sicily in the Mediterranean region

Source : (NordNordWest and Yiyi 2012)

Since the emergence of Islam in the Arabic peninsula, Muslims
tried to invade Sicily several times before they succeeded later in
the ninth century (Amari 1857, 216-220). Thus, Muslims started

to settle in Sicily since the beginning of the Muslim invasion in 827 invited by a Byzantine commander called Euphemios, asking the Muslim support against the general ruler in Syracuse. The Muslim conquest of Sicily took a quite long time for a period of 75 years of military operations. Starting from the Western region, the Muslim Sicilian state was established in the region of "Val di Mazara" as the town of Mazara located in the southern west of the island was their first stop in Sicily. Then slowly, Muslims could control other regions reaching Syracuse, the Byzantine capital by 878, which ended the Byzantine rule of Sicily (Metcalfe, The Muslims of Medieval Italy 2009, 10-15, 55). Under the Muslim rule, as shown by the following map of Fig. 3, Sicily was divided into three administrative regions starting with their first conquered region "Val di Mazara" in the west, then the central and southeastern region called "Val di Noto "and the northeastern region "Val Demone" that was the last region conquered by Muslims.

Fig. 3 : Map of the administrative regions of Sicily under the Muslim rule

Val Demone

Val Di Masara

Val Di Noto

Source : (Wikipedia n. d.)

Accordingly, Muslims lived in Sicily for almost four centuries mixing with the Sicilian people gradually adopted Islam to emerge as the dominant religion of the island under Muslim rule. Sicilian Muslims cooperated with Normans conquered the whole island by 1091 (Theotokis 2010, 381). Then, they lived under the Christian Norman rule to end up with a change of the demographic structure increasing the Christian population to emerge as the majority of the Sicilian population. Thus, at the beginning of the Norman rule, the demographic structure of Sicily showed a concentration of the Muslim population in the Western region where the Muslim control started during the conquest of the island earlier, while Christians were more concentrated in the eastern region that lasted under the Byzantine rule for longer. Later on, the Norman Conquest of Sicily started from this eastern region through its city port

"Messina" (Theotokis 2010, 383). After the Norman period, the last stage for Muslims in Sicily came under the Staufer rule which exterminated the existence of Muslims in Sicily.

The number of mosques in Palermo and Al-Khalsa city was reported by Ibn Hawqal to be as many as 300 mosques. He even claimed that he had not seen in his life such a big number of mosques in such area or even bigger cities except for Cordoba of Al-Andalus. However, he explained that Muslims were competing in building their own mosques for honor and dignity more than the religious function as a place of praying and worshipping. Ibn Hawqal also spoke about Sufi lodges that he saw in Sicily criticizing them for being full of hypocrisy and immorality (Ibn Hawqal 2021, 5-6). Speaking about the Muslim mosques of this era, Ibn Hawqal gave some details describing the greatest mosque of Palermo which he reported that it was a Roman church before the Muslim conquest (Ibn Hawqal 2021, 1). It is interesting to know that that mosque turned later to appear as a church again. The following picture on the left shows an Arabic inscription of the Quran on one of the columns inside the Cathedral of Palermo (seen in the picture on the right) at the present time. This can be explained seen that when Muslims conquered Sicily, they turned the Roman church into the mosque which was again reconstructed to emerge as a church during the Norman period.

Fig. 4 : Pictures of the remains of Palermo's Mosques of the Muslim period

Source : (Sibeaster 2008)   Source : (Bjs 2004)

Another thing reported by Ibn Hawqal describing the status of Sicilian Muslims was about the huge number of teachers seen in Sicily, as he explained that the country is dominated by teachers and their offices of education which can be seen everywhere. He claimed that no country has such a number of teachers but Sicily. But, he criticized them for being stupid and useless as he saw that the purpose of their choice to be teachers is to escape from army service as teachers were exempted from joining the army (Ibn Hawqal 2021, 12).

Under Muslim rule, Palermo was prosperous thanks to the agricultural and technological innovations introduced by Muslims. This included new crops like; citrus fruits, dates, cotton, sugar cane, hemp, and mulberries. New irrigation technology was introduced to cultivate these crops resulting in the development of related industries like; silk, paper, textiles, clothes, and sugar manufacture (FUNCI 2018). The Muslim existence in Sicily reached its utmost under the Muslim rule which lasted in Sicily for about 250 years changing its demographics to a majority of Muslims including different races of Berbers, Arabs, and Persians in addition to the Sicilian Christians mostly of Greek and Latin rites, and also Jewish minorities. The last Muslim dynasty that ruled Sicily was the Kalbite dynasty (948 - 1044) which lost control of the island with the emergence of conflicting local rulers ending this Muslim era with the invitation of one of them (Ibn Al-Thumna) to Normans to conquer the island similar to the way Muslims conquered Sicily before. The role of the Muslim ruler, Ibn Al-Thuman, supporting the Norman Conquest until his death in 1062 was clear seeing his forces collaborating with the Normans thinking of them as supporters for him in the civil war against his other Muslim rivals led by Ibn al-ÓawwÅs. So, we can see that Muslims and Normans had different agendas in this conquest. Eventually, Ibn al-Thumna's support for the Normans was essential so that upon his death Normans had to withdraw from the center of the Val Démone back to the western port of Messina (Metcalfe 2009, 94-95). Thus, the Norman invasion of Sicily started with a Muslim-Norman coalition and the Norman forces took almost twenty years to control the whole island of Sicily by 1091.

Seeing that the Norman rule of Sicily began with the cooperation of some Muslims inviting Normans, besides, the long Muslim rule of Sicily left it with a population of a Muslim majority, it is understandable to expect good relations between Sicilian Muslims and Norman Christians in this stage. This also can be explained by seeing the necessary role of Muslims in the prosperity of Sicily which depended on Muslims' labor in many fields. In this context, we can see that Sicily's agricultural field was dominant with the Sicilian Muslim peasants for almost three generations after the Norman Conquest (Loud 2016, 135). This good relation will be presented in more detail in the following sections of this chapter showing the attitude of Normal kings towards Muslims starting with the first Norman king of Sicily, Roger I , followed by his son Roger II , then William I and William II , the four Norman kings ruled Sicily before their kingdom fell in 1189 due to the conflicts over the power ended by another dynasty, the German Staufer, taking over the rule of Sicily. In the following sections, we can see also that the Muslim Christian relation reached its worst conditions under the Staufer rule witnessing Christian persecution and violence against Muslims which led to several Muslim revolts mainly in the period of the reign of the Staufer ruler, Fredrick II , who finally ended the Muslim presence in Sicily deporting the last Sicilian Muslims in 1223.

Ⅳ. Muslim Christian Relations in Medieval Sicily :

Medieval Sicily was a place where Muslims and Christians lived together for centuries. As we saw in the previous parts Christians lived on this island longer than Muslims and continued their presence till the present. On the other hand, Muslims came to the island as traders, travelers, and invaders before they finally settled invited by the Muslim conquest. However, this settlement did not last despite its long period and its obvious impacts on Sicily's demographic structure increasing its Muslim population. Eventually, the Muslim presence vanished in Sicily and Christians continued to dominate the demographics of the island. Under these developments of the Sicilian society, Muslims and Christians of Sicily went through different stages of their relations which can be examined under the three main periods of Sicily's medieval history under Muslim, Norman, and Staufer rule.

1. The relations under the Muslim rule :

The Muslim rule of Sicily started with the rule of the Aghlabid dynasty founded in Ifriqiya (Tunis was called Ifriqiya by that time). The Aghlabids followed the Sunni sect of Islam so the first Muslim settlers in Sicily were Sunni. The rule of Aghlabids in Sicily started partially with the invasion in 827 and lasted till the year 910. Then, the second Muslim dynasty ruling Sicily was the Fatimid following the Shia sect, which continued the conquest of Sicily after the Aghlabids. Starting from their rule of Ifriqiya, the Fatimids succeeded in founding a new Muslim Caliphate in Cairo of Egypt away from the Abbasid Caliphate of Baghdad. The third and last Muslim dynasty ruling Sicily was the Kalbite dynasty (948 - 1044) which lost control of the Island as disputes occurred among Muslim local rulers in Sicily (Takayama, 1992, pp. 22-26).

Under Muslim rule, Muslims took Palermo as their capital. The Muslim traveler Ibn Hawqal described Palermo under Muslim rule reporting that it proved the good condition of the lands ruled by Muslims in that era. According to Ibn Hawqal Palermo was the biggest city and it was inhabited by merchants and had many markets and shops that prove its economic prosperity. He also mentioned that Palermo had the greatest mosque that used to be a Roman church before the Muslim conquest. He also reported that besides Palermo the Muslim ruler was living with his soldiers and administration offices in a town called Al-Khalsa, which also had a mosque but a small one, and it had no hotels or markets (Ibn Hawqal 2021, 3-4). Thus, through this image reported by the Muslim traveler, Muslims started their settlement in Sicily declaring their inheritance of Byzantine Sicily changing the great Roman church of Palermo to the greatest mosque of Sicily. This indicates the intention of changing the religion of the island through the conquest, and that was one of the main goals declared by the conquerors of the medieval era. Naturally, we can expect that the Sicilian people would not welcome this intention. Thus, the doubts and suspicions are expected to dominate the relations between Sicilian Christians and the new Muslim comers.

Generally, under Muslim rule, persecution for people of other religions especially for Christians and Jews is not commonly used as they have a special status according to the Islamic teachings that do not enforce people to adopt Islam.[1] According to Islamic principles regulating the relations between the Muslim ruler and the Christian or Jewish people of the conquered lands, a special tax called 'Jizya' is paid by Christians and Jews. For Sicilian Christians, comparing with the poll-taxes that Sicilian people paid for Romans, the Jizya was not a burden for them as it was less amount (Al'ejl 2017, 22). Moreover, compared with the religious taxes 'Zakat' paid my Muslim people, which is 2.5% of their annual savings, in some cases the amount of Jizya was also less than that zakat amount. Even, later on, Normans

---

1) Those Islamic teaching are based on the Quranic verses including the verse stating that "There shall be no compulsion in religion; the right way has become distinct from the wrong way·····..". (Quran 2-256). Of course, there are cases that involved persecution practiced by Muslim rulers against people of other faith but this was individual practices violating the Islamic teaching and was not the general trend through the history of the Medieval Muslim rule compared with the systematic persecution practiced by Christian monarchy against people of other faiths in that era (The Spanish Inquisition is an example of this regards).

followed Muslims in applying that system of Jizya during their rule of Sicily (Smit 2009, 35). Thus, normally, Muslim conquerors started their rule for non-Muslim lands spreading the knowledge of Islam without enforcing people to adopt Islam, and those people of the conquered lands were protected under the Muslim rule due to their paying Jizya, which also exempts them from joining the Muslim army.

Accordingly, we can safely say that Christians of Sicily mostly had their religious freedom under Muslim rule. This can be seen in the continuous presence of Christians in Sicily especially in the eastern part of the island as Muslim immigrants concentrated in Val di Mazara of the western part (Ahmad 1980, 29). The decrease of the Christian population would be inevitable with the condition of war during the conquest that in some cities included massacres, starvation, and diseases under the Muslim siege. However, the main factor of the increasing Muslim population in Sicily under Muslim rule was the immigration as the families of the conquering soldiers arrived on the island and settled through the long years taken for the conquest. Thus, the first repopulation by Muslims who mainly came from Tunisia (Ifriqiya) took place in the main cities of the western district of Mazara through the ninth and tenth centuries. (Metcalfe, The Muslims of Sicily under Christian Rule 2002, 289-290). The long settlement for those Muslims repopulating

Sicilian cities would naturally result in generations of Muslims with Sicilian birth having different origins like Arabs or Berbers. This is also beside generations of mixed origins due to marriage between those Muslim settlers and Sicilians.

Briefly, we can say that living together under Muslim rule, Christian Sicilians and Muslim conquerors had different types of contacts that resulted in syncretism among them especially through marriage relations that united their families with a new mixed generation. in this context, Ibn Hawqal reported some practices within the Christian-Muslim marriages in the Sicilian society that violate the Islamic traditions. He witnessed that daughters followed their mothers' religion of Christianity while boys followed the religion of their Muslim fathers (Ibn Hawqal 2021, 16). It is also expected to have Some Sicilian Christians adopting Islam due to the encouraging environment under the Muslim rule, as Islamic preaching activities took place with the efforts of Muslim intellectuals. Also, seeing the spread of Sufi lodges in Sicily, we mentioned before, we can also predict the influence of Sufism that always attracted people through its mysterious practices.

2. The relations under the Norman rule :

The Muslim rule of Sicily ended by 1071 leaving Sicily with a majority of the Muslim population and starting a new era of

Christian rule under the Norman rule. As mentioned before, the Normans invaded Sicily with the cooperation of some Muslims to support them in their conflict against other Muslims, so it's understandable that Normans would have good relations with some of those Muslims of Sicily. Therefore, tolerance towards Muslims was the feature of this Norman period. This tolerance feature can be seen in the Norman kings' attitude towards Muslims as they used many of them in the Norman court from the beginning of their reign starting with their first king of Sicily, Roger I (1071-1101), whose army was full of many Muslim soldiers. His successor Roger II (1130-1154), continued the same attitude like his father using Muslims in many posts in his palace that was crowded with Muslims used as consultants, scientists, geographers, eunuchs, poets, and cooks (Zaimeche 2004, 7-8). We can mention Al-Idrisi as a famous Muslim figure that was close to the Norman King Roger II. Muhammed Al-Idrisi was a geographer and cartographer who is well known for his prominent work called "Tabula Rogeriana" which took its name after King Roger who praised Al-Idrisi's works and his academic contributions. The Tabula Rogeriana was a book commonly called the Book of Roger in which Al-Idrisi provided valuable maps with an Arabic description of the world including a detailed section describing Sicily (Metcalfe, The Muslims of Medieval Italy 2009, 263). Actually, this tolerant attitude from the

Norman conqueror was not exclusive for Muslims of Sicily as the tolerance prevailed to other Sicilian subjects that included a high level of diversity. As mentioned before, Greek Christians were also tolerated by the Norman conqueror and had their contributions in the royal Norman courts like Muslims. The common thing shared by Muslims and Greek Christians of Sicily was that their presence gradually declined during this era.

Seeing the tolerant attitude of Norman kings towards Muslims of Sicily, we can expect good relations between Muslims and Christians in Sicily under Norman rule. In this regard, the tolerant atmosphere of Norman Sicily was described by Ibn Jubayr, the Muslim historian traveler, reporting upon his eyewitnesses during his travel to Sicily that the Norman king William II was interested in Islamic culture which was seen in his skill of using of the Arabic language and the Norman court had many official documents written in Arabic while using Islamic calendar dates as well. This attitude was not only adopted by the Norman kings, Ibn Jubayr reported that also he met Sicilian Christians who were fluent in Arabic while he was staying in Sicily (Amari 1857, 83-84, 92). This is can be seen as evidence of the tolerance between Muslims and Christians of Sicily during this era, as Arabic is a strong symbol of Islamic faith being the language of the Quran. It's worth mentioning that in that era of the medieval times, the common features of

Christian rule aimed to vanish any Arabic feature or Islamic culture. So, as an example, we can see that the use of the Arabic language was forbidden in the Iberian Peninsula under the Christian rule of that era (Kamen 2014, 17-18). Accordingly, the Arabic language had its influence on the Sicilian dialect and Siculo-Arabic also appeared as an influence of the Sicilian language on Arabic.

The peaceful atmosphere of the relation between Muslims and Christians in Sicily under the Norman rule can be seen in the respect of the Islamic worshiping places and the religious practices seen in the presence of many mosques in this period as reported by Ibn Jubayr stating that he visited some of those mosques which had its educational role teaching Quran in several Sicilian cities. He also confirmed the good relation between Muslims and Christians living in Christian majority cities like Messina as he witnessed the good life Muslims lived there among Christians. This good relation between Christians and Muslims were reported by Ibn Jubayr's witnesses in other cities of Sicily as well, which includes his seeing Muslims enjoying the celebration of their feast day with a religious parade in a peaceful atmosphere among other Christians in the city of Trapani (Amari 1857, 91-92, 97). However, this reported peaceful coexistence between Muslims and Christians in Norman Sicily did not last all the time of this period, as there were also some incidents violating this peace. In this context, in the 1160s, some riots had occurred during the revolts of Latin Christian nobles against the Norman ruler William I. Those riots included massacres for Muslims in many places of Sicily witnessing the death of many Muslims including many Muslim soldiers serving in the royal court as the royal army witnessed disputes between Christian and Muslim soldiers. This violence included even the converted eunuchs working in the royal palace who were killed during those massacres for been suspected of infidelity (Smit 2009, 41-42).

Those violent incidents had their impacts on the Muslims' religious freedom in some time of that period, as the Sicilian capital, Palermo, witnessed the prohibition of the Friday prayers fearing the rise of the anti-Christian sentiment due to the Muslim gathering in those congregation prayers. Also, according to Ibn Jubayr witnesses, he saw some activities of Christian missionaries targeting the conversion of Sicilian Muslims especially their social leaders, like the Mulsim jurist called Ibn Zur'a who has built his mosque in the city of Trapani that was turned into a church after his conversion to Christianity. Ibn Jubayr also reported other stories about pressures included persecution practiced to convert Muslims to Christianity that he heard from some Muslims of Sicily during his stay. Those pressures practiced on Muslims included serious grievances of heavy taxation and confiscating of their properties in some cases. Also, it was reported by Ibn Jubayr that some young Muslims converted to Christianity to get free from the control of their Muslim parents which threatened Muslims in their disputes with their families preferring to move to live in Muslim countries to avoid such situations (Amari 1857, 101-103). Moreover, there were some cases of enforcement for conversion during the military operations of the Norman Conquest. An example is the conversion of Amir Hammud, who was the ruler of the city of Castrogiovanni, as he converted in 1086 during the siege of that city to save his family who has been captured by Normans. (Birk 2017, 54) Although those cases of enforced Christianization were not expressing the general policy of the Normans and can be exceptions. However, this can be among the factors explaining the gradual decrease of the Muslim population in Sicily during the Norman rule despite that tolerant attitude prevailed in that period.

By the end of the Norman rule, the Muslim majority of Sicily turned into a Muslim minority living as vassals under the authority of Churches, as the Norman Kings granted churches with vast lands. Among those lands, many Muslims had to live under the authority of those churches. A good example for this can be the abbey of Monreale that was granted vast lands inhabited by Muslim majority turning them to live as vassals of that abbey practiced strong control over them which drove them to revolt against this situation several times, especially after the end of the tolerant Norman rule followed by the Staufer rule that lacked the tolerance towards Muslims (Metcalfe 2009, 211, 224). Briefly, we can say that tolerance and peaceful coexistence were the mainstream describing the relations between Muslims and Christians of Sicily during the Norman era. Some unpeaceful incidents started to contaminate this mainstream due to the status of Muslims being under the authority of the churches which got more serious to terminate this peaceful coexistence under the following Staufer rule.

We can see that the policies of conquerors are similar in integrating the people of their newly conquered lands. As seen in the repopulation used by Muslims increasing the Muslim population in Sicily before, Normans also used the same policy repopulating Sicily by Christian immigrants. In this respect, the first Norman King of Sicily, Roger I, invited many Christians to settle in Sicily. Also, other Norman kings continued that policy of repopulation which can be seen clearly in the attitude of Adelaide del Vasto, the wife of Roger I, encouraging the Lombards to settle in the eastern region of Sicily. Accordingly, at this time, the Christian population gradually increased in Sicily while the Muslim population was decreasing contrasting the previous demographic change under the Muslim rule. While this new demographic change of the Sicilian society was happening, the Christian monarchs led good relations with Muslims benefitting from their experience of ruling Sicily (Ahmed 2021, 51). On the other hand, Muslim peasants also were gradually under the authority of the church possessing the lands where those Muslims live and cultivate as mentioned above in the case of Monreale. Thus, relations between Muslims and Christians in Sicily under the Norman rule had different phases varied with different sectors of the Sicilian society. This included good relations with the ruling monarchs, some violence against Muslims resulted from the revolts of some Christian nobles against those monarchs, some pressures of Christians on Muslims under the authority of church, and peaceful relations between ordinary Muslims and Christians as witnessed by travelers of this era.

3. The relations under the Staufer rule :

After the fall of Muslim rule in Sicily, despite the relatively good conditions Muslims of Sicily enjoyed under Norman rule, the Sicilian Muslim population shrank to appear as a minority by the end of the period of that Norman rule. This shrinkage of Muslims was stressed under the policies adopted by the new kingdom that ruled Sicily after the Normans. So, in less than two centuries after the defeat of Muslims, the Muslim presence vanished in Sicily by the end of the reign of the Staufer ruler, Frederick II. This period of Christian rule under the Staufer Kingdome succeeded in converting Sicily to emerge as a Latin Christian island.

At the time of the Staufer rule in Sicily, we can see a change in the relations between Muslims and Christians of Sicily starting from the Christian ruling elite. At this level, the change was obvious compared with the previous Christian ruling elite of the Normans. The different attitudes of the Christian rulers of the Normans and the Staufer towards the Muslims of Sicily can be summarized in the change from peace to violence. As we previously explained in the previous part, the Muslims of Sicily enjoyed peaceful relations with the Norman monarchs that we can safely describe their life in Sicily under the Norman rule with the word "peace". On the contrary, Muslims faced violent attitudes adopted by the Staufer enough to describe the Muslims' life in this period with the word "violence".

The fourth Norman ruler William II (1166-1189) was the last Norman ruler of Sicily, as his death led to a civil war and chaos that was seized by the German Emperor Henry VI, who was the husband of the daughter of the Norman ruler Roger II, Queen Constance. Accordingly, the rule of Sicily transferred from the Norman family to the German Staufer family (Metcalfe, The Muslims of Medieval Italy 2009, 141). Emperor Henry ruled

Sicily for only three years as his death was in 1197, then his wife Constance ruled Sicily for one year ended by her death inheriting the rule of Sicily to their child Fredrick II to start his reign in Sicily as the third ruler of the Staufer family. Accordingly, Fredrick II was not only the ruler of Sicily but also he inherited his father to be the Emperor of Germany as well. Fredrick II also contributed to the Crusade wars and this provided him another title which was "the King of Jerusalem". In Sicily, Fredrick II adopted strict policies towards the Sicilian Muslims violently quelling their revolts and finally deporting them away from Sicily to put an end to the Muslim presence in Sicily that lasted for centuries until 1223 when they were expelled by Fredrick II (Abulafia 1988, 93,146-148). The involvement of Fredrick II in the Crusade wars can explain his attitude against Muslims of Sicily as the relation between Muslims and Christians was under the tension of wars.

Since the time of the last years of the Norman rule, the Muslims of Sicily faced intensive pressures including a severe level of taxation driving them to convert to Christianity. The oppression for conversions especially targeted social leaders of Muslims confiscating their properties in some cases. Also, the mosques faced suppression seen in prohibiting the Friday prayers (Metcalfe, The Muslims of Medieval Italy 2009, 215). The tension between Sicilian Muslims and the Christians was deepened due to the situation of Sicily being under the control of the head of the Catholic Church, Pope Innocent III, who is well known fora his efforts for extending the crusade by his call for the fourth crusade of 1198 and fifth crusade of 1213.[2] Pope Innocent III, who was the guardian for Emperor Frederick II when he was an infant, had a confrontation with Sicilian Muslims as they joined a coalition with his rival Markward of Anweiler who fought for the rule of Sicily. By the mid of 1200 at the battle of Monreale, the pope's coalition forces achieved victory over the coalition of Markward and the Muslims. And sooner as 1202 Markward died to leave those Sicilian Muslims alone in their confrontation with the pope who focused his efforts on raising funds for the crusade. In this regard, it is worth mentioning that one of the major foundations providing those funds was Monreale with its authority on Muslim peasants expecting to result in heavier taxation on them for supporting the crusades. (Metcalfe, The Muslims of Medieval Italy, 2009, 277-278). Thus, Sicilian Muslims had a relationship of hostility and conflicts with the Christian official representatives in Sicily with the increase of the Christian authority over Muslims under the Staufer rule supporting the crusade wars against Muslims.

Accordingly, the pressures on Sicilian Muslims were intensified under the Staufer rule. The heavy taxes and enforced conversion

---

2) For more details : (Encyclopedia Britannica 2021).

led to Muslim revolts against Frederick Ⅱ who strongly quelled those revolts with brutal punishing for the repelling leaders (Abulafia 1988, 85-86). An example of those brutal punishments can be seen in the death penalty by hanging that was given in 1222 to the Muslim leaders of the revolt, called Ibn Abbad, along with other Marseille merchants who supported that rebellion (Abulafia 1988, 144-145). Quelling those Muslim revolts was followed by their deportation of the Sicilian Island to the city of Lucera located in the middle of the Italian lands (at the present it is located in Foggia). Thus, fifteen to twenty thousand of Muslims were transferred from Sicily to that city where an economic and military station was established (Cassar & Staccioli 2006, 1). In Lucera, those Sicilian Muslims rebelled again trying to return back to Sicily but the imperial army prevented this strongly each time. During this, some Muslims succeeded in escaping and appeared in later rebellions in Sicily during the 1240s to be quelled again by Frederick Ⅱ removing any presence of Muslims in Sicily (Abulafia 1988, 146-148).

The deportations of Sicilian Muslims took two stages starting with the 1220s and ending in the 1240s. Within this period, Frederick Ⅱ had another policy confirming the elimination of Muslims in Sicily. That was through repopulating the western region that used to have a Muslim population in Sicily. An example of this policy can be seen in 1237 when the Staufer emperor encouraged the Lombards' immigrations to Corleone (Loud 2016, 23). This reminds us of similar policies adopted by the Normans repopulating eastern regions of Sicily with Lombards before. Although Normans and Staufer are Christian rulers their policies towards Muslims of Sicily were different from the beginning of their rule. in contrast with the good relations that started between Normans and the Muslims who invited them for that conquest, the hostile appeared in the Staufer case from the beginning since Muslims engaged in continuous acts of rebellion and revolts.

V. The different phases of relations between Sicilian Muslims and Christians

The relations between Muslims and Christians of Sicily went through different stages with various types. The Sicilian Christians lived in Sicily so long before the Muslims settle in Sicily after the Muslim conquest of medieval times. Since then, the relation between Sicilian Christians and Muslims was influenced by many factors forming different types of contacts. Among those factors, we can refer to the policy adopted by the ruler which sometimes depended on mutual interests and cooperation like in the case of Normans. Other factors can include the effects of the military operations and the conditions of war which had their impacts on creating tension between Muslims and Christians. Enslavement also is one of the factors affected the relations between the Sicilian Muslims and Christians as the slavery system was adopted by all those who ruled Sicily in medieval times. The strong authority given to the churches on the Muslims working in the lands granted to those churches resulted in another factor for more tension between those Muslims and the people of the churches due to the heavy taxation and efforts of conversion applied by those churches.

In the light of these factors, we can see that the relations between Muslims and Christians of Sicily can be examined through different levels including the relations with the ruling elite according to the policy adopted by the ruler, the relations of the ordinary people, the relations with the religious institutions like the church, and the relations within the slavery system. In this chapter, we introduced some phases of those relations which showed similar changes in the demographic structure of the Sicilian population under the rule of both Muslims and Christians. As the Christian population shrank under the Muslim rule with the increase of the Muslim population to appear as a majority by the end of that Muslim rule. Similarly, the Christian population grows again re-appearing as the majority of the Sicilian population under the Christian rule of the

Normans. And finally, the Muslim population vanished under the following Christian rule of the Staufer. We also saw some similar policies adopted by the different rulers to form this demographic change. Among those policies, the common policy was the repopulation of the Sicilian cities with immigrants encouraged by those rulers. The intermarriage and the religious conversion had also their impacts on this demographic change which involved sometimes cooperative relations and some other times with tension and hostility.

References

Abulafia, David. 1988. *Frederick II : A Medieval Emperor.* Oxford : Oxford University Press.

Ahmad, Aziz. 1980. *A History of Islamic Sicily (تاريخ صقلية الإسلامية).* Translated by Amin Tawfik Al-tibi. Traboli : Addar Al-Arabiya LilKitab.

Ahmed, Mona F. M. June 2021. "A Comparative Study of Convivencia in Medieval Sicily and Al-Andalus." *Mediterranean Review.* Vol. 14, No. 1. pp. 31-60.

Al'ejl, Bashar Hussein. 2017. *Kharaj and Contemporary tax in Islam : A Comparative Study (الخراج والضريبة المعاصرة في الفقه الإسلامي).* Beirut : Dar Al-Kutub Al'elmiya.

Amari, Michele. 1857. المكتبة العربية الصقلية *Arabic-Sicilian library.* Leipzig : F. A. Brockhaus.

Birk, Joshua C. 2017. *Norman Kings of Sicily and the Rise of the Anti-Islamic*

Critique : Baptized Sultans. Cham : Springer Nature.

Benigni, Umberto. 1912. "Sicily." The Catholic Encyclopedia. Vol. 13. New York : Robert Appleton Company. Accessd July 26, 2021. https://www.newadvent.org/cathen/13772a.htm

Cassar, Mario & Staccioli, Giuseppe. 2006. 'The Muslim Colony of Luceria Sarracenorum (Lucera) ‐ Life and Dispersion as Outlined by Onomastic Evidence', in Symposia Melitensia No. 3. Malta : The University of Malta Junior College. pp, 1‐20.

Dalli, Charles. 2006. "From Islam to Christianity : the Case of Sicily." In *Religion, ritual and mythology : aspects of identity formation in Europe,* by Joaquim Carvalho. pp. 151-169. Pisa : Edizioni Plus ‐ Pisa University Press.

Encyclopedia Britannica. Fourth Crusade. June 21. 2021. Accessed Aug 17. 2021. https://www.britannica.com/event/Crusades/The-Fourth-Crusade-and-the-Latin-empire-of-Constantinople

Finley, M. I., D. M. Smith, and C. Duggan. 1987. *A History of Sicily.* New York : Viking.

FUNCI. "The Other Al-Andalus — When Muslims and Christians Flourished in Sicily." *Islamic Culture Foundation (FUNCI).* Feb. 15, 2018. https://funci.org/the-other-al-andalus-when-muslims-and-christians-flouri shed-side-by-side-in-sicily/?lang=en (accessed July 25, 2021).

Google maps. Sicily. 2021. Accessed July 25, 2021. https://www.google.com/maps/@37.8000305,12.7523121,7.67z?hl=en

Hellfeld, Matthias von. "Christianity becomes the religion of the Roman Empire - February 27, 380." *DW.* Edited by Andreas Illmer. 11 16, 2009. https://www.dw.com/en/christianity-becomes-the-religion-of-the-roman-empire-february-27-380/a-4602728.

Ibn Al-Athir, Ezz Al-Din. 2012. *The complete in History (الكامل في التاريخ).* Edited by Omar Abdel Salam At-tadmori. Vol. 7. Beirut : Dar Al-Kitab Al-Araby.

Ibn Hawqal, Abu al-Qasim Muhammad. 2021. *Sicily in Kitāb Ṣūrat al-'Aarḍ.* Translated by Mona Farouk M. Ahmed. Aug. : Institute for Mediterranean Studies of Busan University of Foreign.

Kamen, Henry. 2014. *Spain 1469-1714 : A Society of Conflict.* 4th. New York :

Routledge.

King, Matthew. 2018. *The Norman Kingdom of Africa and the Medieval Mediterranean*. PhD Thesis, The Faculty of the University of Minnesota, Minnesota : ProQuest LLC.

Lanzafame, Iolanda Laura. 2011. "Relevant influences of Siculo-Arabic dialect on the Sicilian language and culture." *Review of Historical Geography and Toponomastics* VI, no. 11-12. pp. 69-79.

Loud, GA. 2016. "Communities, Cultures and Conflict in Southern Italy, from the Byzantines to the Angevins." Al-Masāq Vol.28 No.2. pp. 132-152. ISSN 0950-3110 https://doi.org/10.1080/09503110.2016.1198534

Lunn-Rockliffe, Sophie. "Christianity and the Roman Empire." *BBC*. Feb. 17. 2011. http://www.bbc.co.uk/history/ancient/romans/christianityromanempire_article_01.shtml.

Metcalfe, Alex. 2009. *The Muslims of Medieval Italy*. Edinburgh : Edinburgh University Press.

Metcalfe, Alex. 2002 "The Muslims of Sicily under Christian Rule." In *The Society of Norman Italy*. by Graham A. Loud and Alex Metcalfe, 289-317. Leiden : Brill.

NordNordWest, and Yiyi. *Fasciculus : Mediterranean Sea location map with blue Sicily*. Dec. 27, 2012. https://la.m.wikipedia.org/wiki/Fasciculus:Mediterranean_Sea_location_map_with_blue_Sicily.svg (accessed July 25, 2021).

Smit, Timothy James. 2009. *Commerce and Coexistence : Muslims in the Economy and Society of Norman Sicily*. PhD Thesis, History Department, The Faculty of the Graduate School, University of Minnesota. Minnesota : ProQuest LLC.

Takayama, Hiroshi. March 1992. "The Fatimid and Kalbite Governors in Sicily : 909-1044 [Islamic Sicily II]." *The Mediterranean Studies Group Hitotsubashi University* 13. pp. 21-30.

Abulafia, David. 1988. *Frederick II : A Medieval Emperor*. Oxford : Oxford University Press.

Ahmad, Aziz. 1980. *A History of Islamic Sicily* (تاريخ صقلية الإسلامية). Translated by Amin Tawfik Al-tibi. Traboli : Addar Al-Arabiya LilKitab.

Ahmed, Mona F. M. June 2021. "A Comparative Study of Convivencia in Medieval Sicily and Al-Andalus." *Mediterranean Review*. Vol. 14, No. 1.

pp. 31-60.

Al'ejl, Bashar Hussein. 2017. *Kharaj and Contemporary tax in Islam : A Comparative Study* (الخراج والضريبة المعاصرة في الفقه الإسلامي). Beirut : Dar Al-Kutub Al'elmiya.

Amari, Michele. 1857. المكتبة العربية الصقلية *Arabic-Sicilian library.* Leipzig : F. A. Brockhaus.

Benigni, Umberto. 1912. "Sicily." The Catholic Encyclopedia. Vol. 13. New York : Robert Appleton Company. Accessd July 26, 2021. https://www.newadvent.org/cathen/13772a.htm

Bjs, Cathedral of Palermo : General view, Aug 2004. https://commons.wikimedia.org/wiki/File:Palermo-Cathedral-bjs-1.jpg

Cassar, Mario & Staccioli, Giuseppe. 2006. 'The Muslim Colony of Luceria Sarracenorum (Lucera) – Life and Dispersion as Outlined by Onomastic Evidence', in Symposia Melitensia No. 3. Malta : The University of Malta Junior College. pp. 1–20.

Dalli, Charles. 2006. "From Islam to Christianity : the Case of Sicily." In *Religion, ritual and mythology : aspects of identity formation in Europe,* by Joaquim Carvalho. Pisa : Edizioni Plus – Pisa University Press. pp. 151-169.

Encyclopedia Britannica, Fourth Crusade, June 21, 2021. Accessed Aug 17, 2021. https://www.britannica.com/event/Crusades/The-Fourth-Crusade-and-the-Latin-empire-of-Constantinople

Finley, M. I., D. M. Smith, and C. Duggan. 1987. *A History of Sicily.* New York : Viking.

FUNCI. "The Other Al-Andalus – When Muslims and Christians Flourished in Sicily." *Islamic Culture Foundation (ICF).* Feb. 15, 2018. Accessed July 25, 2021. https://funci.org/the-other-al-andalus-when-muslims-and-christians-flourished-side-by-side-in-sicily/?lang=en

Google maps. Sicily. 2021. Accessed July 25, 2021. https://www.google.com/maps/@37.8000305,12.7523121,7.67z?hl=en

Hellfeld, Matthias von. "Christianity becomes the religion of the Roman Empire - February 27, 380." *DW*. Edited by Andreas Illmer. 11 16, 2009. https://www.dw.com/en/christianity-becomes-the-religion-of-the-roman-empire-february-27-380/a-4602728.

Ibn Al-Athir, Ezz Al-Din. *The complete in History (الكامل في التاريخ)*. Edited by Omar Abdel Salam At-tadmori. Vol. 7. Beirut : Dar Al-Kitab Al-Araby, 2012.

Ibn Hawqal, Abu al-Qasim Muhammad. 2021. *Sicily in Kitāb Ṣūrat al-'Aarḍ*. Translated by Mona Farouk M. Ahmed. Aug. : Institute for Mediterranean Studies of Busan University of Foreign.

Kamen, Henry. 2014. *Spain 1469-1714 : A Society of Conflict*. 4th. New York: Routledge.

King, Matthew. 2018. *The Norman Kingdom of Africa and the Medieval Mediterranean*. PhD Thesis, The Faculty of the University of Minnesota. Minnesota : ProQuest LLC.

Lanzafame, Iolanda Laura. 2011. "Relevant influences of Siculo-Arabic dialect on the Sicilian language and culture." *Review of Historical Geography and Toponomastics* VI, no. 11-12. pp. 69-79.

Loud, GA. 2016. "Communities, Cultures and Conflict in Southern Italy, from the Byzantines to the Angevins". Al-Masāq, Vol. 28 No.2. pp. 132-152. ISSN 0950-3110 https://doi.org/10.1080/09503110.2016.1198534

Lunn-Rockliffe, Sophie. "Christianity and the Roman Empire." *BBC*. Feb. 17, 2011. http://www.bbc.co.uk/history/ancient/romans/christianityromanempire_article_01.shtml.

Metcalfe, Alex. 2002. "The Muslims of Sicily under Christian Rule." In *The Society of Norman Italy*, by Graham A. Loud and Alex Metcalfe, 289-317. Leiden : Brill.

Metcalfe, Alex. 2009. *The Muslims of Medieval Italy*. Edinburgh : Edinburgh University Press.

NordNordWest, and Yiyi. *Fasciculus : Mediterranean Sea location map with blue Sicily*. Dec. 27, 2012. https://la.m.wikipedia.org/wiki/Fasciculus:Mediterranean_Sea_location_map_with_blue_Sicily.svg (accessed July 25, 2021).

Sibeaster, Column with arab inscription (Palermo Cathedral), July 2008. https://commons.wikimedia.org/wiki/File:Column_with_arab_inscription _(Palermo_Cathedral).jpg

Smit, Timothy James. 2009. *Commerce and Coexistence : Muslims in the Economy and Society of Norman Sicily.* PhD Thesis, History Department. The Faculty of the Graduate School, University of Minnesota. Minnesota : ProQuest LLC.

Takayama, Hiroshi. March 1992. "The Fatimid and Kalbite Governors in Sicily : 909-1044 [Islamic Sicily Ⅱ]." *The Mediterranean Studies Group, Hitotsubashi University,* 13. pp. 21-30.

Theotokis, Georgios. 2010. "The Norman Invasion of Sicily, 1061-1072 : Numbers and Military *Tactics.*" *War in History* 17, no. 4. pp. 381-402. Accessed July 25, 2021. http://www.jstor.org/stable/26070819.

White, Lynn T. 1938. *Latin Monasteries in Norman Sicily.* Cambridge, Mass. : The Medieval Academy of America.

Wikiipedia. n.d. Historical map of Sicily showing the three provinces or "valli." Accessed July 31. 2021.
https://en.wikipedia.org/wiki/File:Historical-map-of-Sicily-bjs-2.jpg

Zaimeche, Salah. November 2004. "Sicily." *Foundation of Science, Technology and Civilization* (FSTC). pp. 1-20.

3부
시칠리아 파티마 왕조의 종교 정책
(The Religious Policy of the Fatimid Dynasty in Sicily)

무함마드 하산 모자파리(Mozafari, Mohammad Hassan,
부산외대 지중해지역원)

Sicily has an incredibly strategic location in the central Mediterranean. It is located in the shipping lanes between the east and west of the region, near Italy in Europe and Tunisia in North Africa. The island has always been a place of exchange and movement of goods and interactions in the region. Throughout ancient times and the Middle Ages, at various times, Sicily was conquered by the Greeks, Romans, Byzantines, Spanish, Germans, French, popes, and Muslim Arabs. They have brought different cultures and languages influencing the culture of Sicily and added to its cultural richness. To confront the established Byzantine bases and sometimes to occupy the island, African Muslims and Arabs attacked the Island repeatedly. However, in 872, Sicily was conquered by the Muslims and in 909 came under the control of the Fatimid and autonomous Emirate of the Kalbids.

Muslims ruled Sicily for more than two hundred years, including the 10th and 11th centuries. With a combination of ethnicities, races, and languages such as Arabic, Turkish, Persian, African, and Berber, they had profound effects on the culture and heritage of the Sicilian people that can be seen even in the lives of the people today. Various groups of Muslims from different parts of Central Asia, the Middle East, and Africa who came to Sicily, each experienced living in diverse climes including desert and semi-arid conditions, introduced the cultivation of crops like sugarcane, lemons, oranges, and pistachios on the island. Persian Muslims practiced irrigation and cultivation techniques in the arid lands of Sicily. The interaction and cultural exchange that the Sicilians had in the past with people from various parts of Asia, the Middle East, and Africa can be seen in their sweets, foods, products, and culture.

The cultural and civilizational implications of the Muslim presence in Sicily are greater than in Spain and elsewhere in Western Europe, although Muslims ruled over Spain for at least twice the duration as their rule over Sicily. The reason for such a difference can be found by examining the politics of religious and cultural tolerance during the Fatimid and Norman periods. The Normans, like the Fatimid, promoted the politics of a multilingual society. Islamic-Arabic culture continued for an additional 150 years after the fall of the Muslim state. In Spain, on the other hand, religious extremism led to the de-Islamization, leaving nothing of Muslim cultural and civilizational heritage except for places of interest such as the Al-Hamra and the Cordoba Masjid- Cathedral.

Ⅰ. The Rise of the Fatimids

The Fatimids were a political and ideological movement. They were from the Shia sects and considered themselves to be the true followers of Muhammad, the Prophet of Islam, and after him the followers of "the holy family of the Prophet Muhammad, particularly his daughter Faṭimah, her husband ʿAli (who was also Muhammad's cousin), their sons al-Ḥusayn and Ḥasan, and their descendants" (Adam Zeidan & Britannica's editors, 2021). They believed that a number of the companions of the Prophet Mohammad (the first and second caliphs in particular) after his death did not follow his traditions and last-will, regarding the Imamate and leadership of Imam Ali, and by certain political activities not only gained political power but also religious and spiritual influence and leadership. After a quarter of a century of rule, they isolated the Ahl al-Bayt of the Prophet, some of his close companions, and by employing some opportunists, especially the Umayyads, paved the way for the establishment of the Umayyad and then Abbasid monarchy and caliphate. The family of the Prophet and the Alawites were the first victims of the hereditary caliphate. The Abbasids, with the help of court jurists, gradually made their caliphate and monarchy so sacred that even those who rebelled against the Abbasid caliph and took parts of their territory had to beg for legitimacy and get permission from the caliph to rule!

However, to overthrow such a system, the Fatimids formed an active underground network throughout the Abbasid territory and began extensive propaganda against the Abbasid caliphate.

Fatimids fought the Abbasids to control the Muslim world. They established the Fatimids dynasty and from 910 to 1171 C.E, more or less, ruled over North Africa, Sicily, and the Middle East. Ubaid-Allah Mahdi was the founder of the Fatimids dynasty. Ubaid-Allah Mahdi, with the help of Abu Abdullah al-Shi'i, an Ismaili dai from Yemen, established the Fatimid state in Africa (now Morocco), and later on conquered the northern Africa, Egypt, Levant, and Yemen, expanding their dominion to Mecca and Medina in Arabia and dominated over parts of the Mediterranean Sea and after some time Sicily.

Since the Fatimids believed in the Imamate of Ismail, the eldest son of the Imam Sadegh (the seventh Imam of the Shia), they were called Ismaili. They were promoters of the Neoplatonic philosophy. Burhan al-Din Nasfi, a Hanafi jurist, theologian, and logician, for the first time mixed Ismaili thought with the Neoplatonic philosophy and presented his thought in a book called al-Mahsoul. According to him, many of the obligatory rulings in Islamic law are not permanent. Abu Hatam al-Razi, in his critique of Nasfi's book, wrote a book 'al-Mahsoul', and rejected his belief that some obligations were not permanent. (Salmasi, 2012, p. 2059). After the conquest of Egypt, they built Al-Azhar Mosque. In 988 this mosque became an Islamic university, and until the end of the Fatimid period, it functioned as one of the important centers of Islamic sciences, training of Dais, and teaching and disseminating the principles of Ismaili beliefs. The Fatimid missionaries who were educated in Dar al-Ilam, al-Azhar, and other centers in Cairo, were regularly sent to various areas inside and outside of the Fatimid territory.

Al-Muizz li-Din Allah, the Fatimid caliph, wrote the principles of Ismaili beliefs. Qadi Numan[1] (974 CE), the most famous Fatimid jurist, also made necessary corrections to the Fatimids-Ismaili teachings (Agostino Cilardo, 2012, pp. 5-10). On this basis, once again it was emphasized that Muhammad ibn Ismail, as the seventh Imam of the Fatimid Ismaili, but would continue as Imamate. The Imam is obliged to reveal the hidden truths (Batin) of the Sharia to

---

1) His nominal resemblance to Abu Hanifa, the head of the Hanafi-Sunni school of jurisprudence, should not be mistaken.

the public. This task is then the responsibility of the coming Fatimid caliphs. Ismaili Imams and leaders who used to operate in secret would be active in public from the time of Ubaid-Allah al-Mahdi. Muizz's doctrinal reforms are reflected in the work of Qadi Numan, such as 'al-Risalah al-Dhahabiya' and in the book of Ja'far ibn Mansour al-Yamani 'al-Shawahid wa al-Bayan' which were among the most important Ismaili thinkers and authors of the time. Further, Muizz also officially accepted the Neoplatonic-Ismaili cosmology, which was compiled by Nasfi and Abu Hatem al-Razi.

From the time of Muizz, the principles of Fatimid Ismaili beliefs, known as "wisdom" (Hekma), were taught at the Science Center (Dar al-Ilm), where Fatimid preachers also received the necessary training. The ruler also often attended the meetings in person at the Dar al-Ilam, which were sometimes reserved for Ismailis. Several Sunni jurists were also in the Center (Maqrizi, Al-Mawaiẓ wa-al-Itibar bi-Dhikr al-Khiṭaṭ wa-al-athar (1), 1997, pp. 391 & 458-460).

The Fatimid Ismailis considered the form of the Sharia Law (Zahir-the outward), and the content, meaning, and aim of the Sharia (Batin-the inward) complementary to each other. To observe the balance between both the outward and the inward of the Sharia, they considered the Sharia Law (form) also an obligatory issue. Hence, for the Fatimid Ismailis, access to the "truth" was not possible without the "Shari'a", and the truths were always related to the Shari'a or the form of the religion (Nueman, Da'aim al-Islam (1), 1972, p. 53), (Nueman, Asas al-Tawil (1), 1960, pp. 33, 347, 364).

They also called the Ismaili Imam the "Live/Talking Qur'an" and called the text of the divine book "the silent Quran." They highly valued the prophetic hadiths and narrations from their previous Imams, especially Imam Ja'far Sadegh (AS). Many of these hadiths were narrated and collected by the Qadi Nueman, the most learned jurist of the Fatimid period, in his two books of Da'aim al-Islam and Shar al-Akhbar. Qadi Nueman, who was originally the founder of the science of Ismaili jurisprudence, held various positions in the Fatimid court from the time of Ubaid-Allah Mahdi until he died in 974 AD, and was eventually recognized as the most prominent Ismaili jurist. One of his most important jurisprudential writings, Da'aim al-Islam, is still used by the transcendental Ismaili-Tayyibiyya. Ismaili jurisprudence has many similarities with the jurisprudence of the Jafari Shia, but there are also differences between the two Shia laws, especially in the areas of inheritance and how some religious duties are performed (Nueman, Asas al-Tawil (1), 1960, pp. 25-31).

In Egypt, the Fatimid dynasty's long reign resulted in the spread and support of Ismaili-Shia throughout northern Africa, particularly in Egypt. They have established educational institutions, such as

Jami' al-Azhar (al-Azhar University), Dar al-Ilm, and other Islamic institutions to educate Ismaili groups and their missionaries. Various theological books on Ismaili doctrines were also written and many Majlis (Dawaha Councils) have been organized to train them (Maqrizi, Al-Mawaiẓ wa-al-Itibar bi-Dhikr al-Khiṭaṭ wa-al-athar (1), 1997, pp. 390-392). In this way, they were able to increase their number of followers and supporters by sending invitations and 'Ismaili dais' (missionaries) to various parts of the world, including Yemen, India, and the eastern provinces of what is today Iran and some parts of Pakistan.

Ⅱ. Fatimid Interaction with Others

When the Fatimids defeated the Aghlabid rule (Abbasid-dominated) in Africa, they easily took control of Sicily. The capital of the Fatimids was in North Africa and later in Egypt. Though the Fatimid caliphs always appointed the rulers of Sicily, they still enjoyed relative independence. The major religious currents and composition of the population on Sicily were : Sunni Muslims, Christians, and Ismailis. During this period, Palermo, the capital of Sicily, was an important place for the exchange of thoughts. It was one of the largest cities in the region (Seiqal, 2010, p. 76). Ideologically, the Fatimids were a minority in the Islamic world, but in general, they ruled a predominantly Sunni community. Apart from the Muslim population, a significant portion of the Fatimid's citizens in North Africa and Sicily were Christian and a minority also Jews. In this section, we examine the Fatimid policy in dealing with Sunni groups and religious minorities in Sicily's multicultural society.

1. Fatimid Social and political Interaction with others

Fatimid politics with others has not always been uniform. It could have changed depending on different political, social, and security conditions. Their first uprising in North Africa, when their capital was in Kairouan the Fatimids united with some tribes, particularly the Berber tribes. Therefore, most of the Fatimid commanders and forces were Berber and there was not much ethnic diversity. During this period Ubaid-Allah pursued a strict and fanatical policy. But after taking control of Egypt and other parts of West Asia, Arabs, Turks, Persians, and other African groups, and Sicily including Christians, joined them. For instance, Jawhar al- Siqilli (Sicilian), one of the most famous Fatimid commanders, who was from Sicily (Siqilliyya), captured many parts of North Africa, suppressed the Kharijite rebellion, overthrew the Idrisids, and after complete domination of northwestern Africa, marched east and occupied Egypt (Maqrizi, Ette'aaz al-Honafa be Akhbaar al-A'emma Al Fatemeyyeen Al

Kholafaa 1, 1996, pp. 67-71). During this period, the capital was moved to Cairo, religious and ethnic diversity had increased, so the rulers pursued a policy of tolerance. In Sicily, the Fatimids pursued tolerant policy and recognition of religions, including Christians. Some Sicilians who converted to Islam were appointed to high positions in the Fatimid administrative institutions in Africa and Egypt. In 948 Mansour, the Fatimid caliph, appointed Hassan ibn Ali Kalbi as ruler of Sicily to confront the rebels. With his appointment, a new chapter in the history of the island of Sicily began with the establishment of the semi-independent Kalbid dynasty, which ruled the island of Sicily for over ninety years (Mousavi, Seyed Jamal; Dhilai, Negar, 2010, pp. 56 -70).

Although the general policy was constructive interaction with all religions, there was a deep belief in the promotion of Ismaili-Fatimid doctrine, and the necessary educational and propaganda infrastructure was provided for the spread of their thoughts, still based on Islamic beliefs; they had formally recognized and accepted all religions, majority, and minorities. Before the Fatimids took control of Sicily, during the reign of Ziyadat- Allah, the ruler of North Africa, the majority of Muslims in Sicily were Maliki-Sunnis. Abd al-Salam Sahnun (774-854) and Asad ibn al-Furat, the most famous Maliki jurists and the great judges of Kairouan were among the most important figures who spread Maliki jurisprudence in Africa and Sicily. Asad ibn al-Furat, at the age of seventy-two, was the commander of the forces that conquered Sicily. Ziadat-Allah and his Aghlabid Dynasty played an important role in spreading Maliki-Sunni in North Africa and Sicily. At that time after the conquest of Sicily, Sulayman ibn Salem al-Qadi, one of Sahnun's companions, became the supreme judge of Sicily. He also played an important role in spreading Maliki jurisprudence in Sicily (Ibn Farhoon, 2005, p. 374). Together, these political and religious figures spread the Maliki school as a culture and belief in the entirety of North Africa, Andalusia, and Sicily. The Maliki school was so entrenched in the region that even during the time of the Fatimids-Ismaili it played an important cultural element and a source of legislation and systematization of Sicily (Qaderi Abd al-Vahid, Azar Jalilian, 2013, pp. 99-115). The Fatimids had good relations with the Sunni Muslims and Christian scholars, and their religious leaders, and elders. So, based on the abilities and expertise of each group, they used them in various positions. Historians have written many cases that the Fatimid appointmented prominent religious, political, judicial, and military figures from different religions in key positions including military and security. Sometimes, the rivalries of these officials over the expansion of their power and authority led to war and revenge and caused great headaches for the Fatimid caliphs.

When things were calm and everything was under their complete control, Fatimids pursued an "enforcement policy" and when they were weak, they pursued a "full authorization Policy" and delegated their authority to local rulers and ministers. In the second half of the twelfth century, the Fatimids were in their weakest political position. In such circumstances, the caliph had appointed some Sunni and Christian political figures like Badr al-Jamali (Christian), Salah al-Din Ayyubi, Redvan Ibn Walakhshi, Shirkouh, Ali Ibn Sallar, to the key positions and ministries. Some of their Sunni ministers, who were supporters of the Abbasid caliphate in Baghdad, eventually seized the opportunity to overthrow the Fatimid caliphate (Ashtari Tafreshi & Alireza Badkoubeh Hazaveh, 2011, pp. 11-24).

The degree of tolerance of the Fatimids in ruling and Sicily, in particular, becomes clearer when you compare their behavior with that of the Abbasids and their opposing Takfiri jurists. For instance, after the transfer of the Fatimid capital to Cairo, Egypt, in 1016, the minority Ismailis of the Maghreb were oppressed. The African Sunni who were in majority massacred Fatimids in Kirwan and other parts of North Africa, and in their Friday sermons prayed for Abbasid. As the result, there was almost no Ismaili group left in Africa (Maqrizi, Al-Mawaiẓ wa-al-Itibar bi-Dhikr al-Khiṭaṭ wa-al-athar (2), 1997, pp. 223 - 250).

Unlike Andalusia and Morocco, the Fatimid rule in North

Africa and Sicily supported theological and philosophical movements. Contrary to the chaotic political situation, religious disputes, and wars of various ethnic groups in Andalusia, Sicily officially followed multicultural politics and was associated with all Mediterranean and Italian ports. Books on technology and philosophy, especially Ibn Rushd's works on Aristotle's philosophy, scientific books, from the East and West of the Muslim world, were imported to Sicily in Arabic and Latin translations (Mousa Zadeh), (Hoseinzadeh Shanechi, 1998, p. 80)

Even though the rulers of Andalusia and Morocco, who focused on the jurisprudential aspects of Islam and narrative sciences, the Fatimids and the Kalbids were more rational and inclined toward theological subjects (Saiqal, 2010, p. 78). Fatimid rulers and Kalbids, in particular, were able to implement a suitable model of governance in Sicily through a policy of religious tolerance and social justice (i.e., 81). Justice, good behavior towards people, and attention to science and humanities, especially intellectual sciences, have been some of the most important causes of the success Fatimid and Kalbid rulers achieved in creating political stability, social cohesion, and economic and cultural prosperity of Sicily. (Zahabi, p. 155, p. 159) Zahabi, a historian known for his disagreements with al-Muez the governor of the Fatimids, wrote : "He is a wise, intelligent and thoughtful man and possesses politeness, knowledge, greatness, and dignity, all of which goes back to his justice and fairness, and if he were not Shi'a, he would be one of the great kings (Zahabi, 1985, c. 15, p. 162).

Islamic thoughts, sciences, and experiences from the East and West of the Islamic world, especially from Andalusia, were introduced to Sicily. The Fatimid policy of support for rationalism and religious tolerance provided a free and acceptable atmosphere in the region. Sicily's tranquility and security increased the interactions among various ethnic groups, including scholars and religious leaders from all over the region, especially from Italian ports. Sicily was thus a free place for the exchange of science and technology, and theological and philosophical thoughts. There was no such atmosphere anywhere in the Mediterranean at the time. As a result of such policies and interactions of people with different ideas, new perspectives were raised about humanity, the universe, and various topics that affected neighboring nations and Italian port cities, especially Lawrence.

The Christian scholars of Sicily, who had interactions with Arabs and were familiar with Arabic, translated many Arabic works into some European languages. For instance, at the beginning of the Kalbid rule, Abu Abd-Allah al-Siqilli, a Muslim physician and pharmacist went to Sicily and helped doctors and scholars of Cordoba in translating the medical book "Al-Aqaqeer". (Ibn Joljal, 1995, p. 21 quoting Saiqal, p. 78). Sicily became a bridge for the transfer of schools of thought, philosophy, religion, and other sciences and techniques between the eastern and western Mediterranean to Italy, Europe, and France in particular.

A Thousand and one hundred years of Muslim civilization in the Mediterranean, eight hundred years of successful experience of rule in Andalusia, two centuries of scientific, technical, and intellectual flourishment in Sicily with neighboring European ethnicities in addition to the teaching of Muslim scientific and philosophical works in European universities coinciding with the Reconquista of Andalusia, paved the way for the European Renaissance. The Mediterranean, and especially Andalusia and Sicily, became bridges of European transition from the Dark Age to the Renaissance. The promoters of Avicenna and Ibn Rushd's school of rationalism were the pioneers of the evolution of philosophical thought in Europe (Zaria, 2013, p. 42).

2. Fatimid Legal Interaction with Others

Since the Ismailis were generally known to be esoteric and semantic, and unlike some Muslims did not have strong jurisprudential prejudices and paid less attention to the forms and the rules of Sharia, they were not very sensitive to the laws and regulations of other religions. Some Ismaili sects, such as the Qaramata-Ismaili, basically did not adhere to the Sharia. The Fatimid-Ismaili, while being law-abiding, also emphasized the esoteric and semantic aspects of religion. This feature made them more religiously tolerant toward philosophers, Sufis, and schools of jurisprudence. In general, the teachings of the Quran, the Sunnah of the Prophet of Islam also explicitly emphasize constructive interaction with all Muslims and even non-Muslims. Therefore, if Muslim rulers who claimed the caliphate and the Imamate and Islamic rule wanted to have constructive interaction with other Muslims, the primary sources of Islam, were not to forbid such interactions but were also obliged to interact correctly.

However, as mentioned above, in the early stages and before the victory, all the attention of the Fatimid-Ismaili was on the philosophical and political issues and the power struggle. The most important Ismaili writers of this period were Abu Hatim Razi (935 CE) and Abu al-Hussein Nasafi (944 CE), who dealt only with theological issues. But in 909, after the political and ideological activities of Abu Abdullah al-Shi'i (one of the founders of the Fatimid rule), with the help of some African tribes as well as the Berbers came to an end, and he overthrew the Aghlabid-Abbasid rule in North Africa, it was time to explain the new political system and announce the Fatimids political and legal positions towards the majority Muslim (followers of Maliki, Hanafi, and Ibadiyya) and the Christian and Jewish minorities (Goldschmidt, 2002, pp. 84-86.). At this stage, to consolidate their rule, the Fatimids needed some experts in jurisprudence and Islamic law to formulate the necessary laws and regulations. In the previous regime (the Aghlabids), the Maliki and Hanafi jurists had this responsibility. According to Ibn Haytham, Abu Abd-Allah al-Shi'i had a good command of Islamic jurisprudence. Since the Fatimid leaders were political and religious figures and knew the subjects of Islamic jurisprudence, the jurists of the Fatimid court wrote the first Fatimid jurisprudential books under their supervision. Qadi Numan the state jurist under the supervision of the caliph (who had a political and religious position), established the Fatimid school of jurisprudence. The Ismaili jurisprudence was not just for Ismaili followers, its public aspects were considered the rules and regulations of the Fatimid State. In personal law and worship, Sunnis and minorities were free to follow their jurisprudence (Agostino Cilardo, 2012).

Two centuries of Fatimid rule over Sicily and granting freedom to all religions and minorities in holding their religious ceremonies, having their schools and courts, enforcing their personal laws (inheritance, marriage, and family Laws), as well as their freedom to conclude contracts and choose the law governing their contracts was a precious experience not only for the people of the island but also for the European tribes and Rome in particular. The Christian rulers of Sicily were greatly influenced by the socio-political culture of Islam, especially Fatimid Shi'a Islam so that during the first and second Rogers, the Islamic administrative system was still maintained from 1092 to 1152. Some writers believe that the flourishing of Islamic knowledge and culture in Sicily is one of the main factors underlying the Renaissance in Europe (Adak & Taheri, 2011, p. 10). The existence of such an atmosphere of political and religious tolerance in the central Mediterranean, near the port cities of Italy, where intellectuals and thinkers of different European ethnicities traveled, was like a corridor between the dark ages and the Renaissance. Unlike the Andalusian rulers, who pursued a period of repressive politics, inquisition, and trial of thinkers and scientists in Andalusia, the Normans continued the Fatimid policy of tolerance after the overthrow of the Muslim rule in Sicily and played an important role in transmitting Sicily experiences to Europe. How can one emphasize the influence of the experiences of Greek rule in the five hundred years BC on the Renaissance, but ignore the influence of several centuries of practical experience of the policies of the Sicilian rules on that event, even on the eve of the Renaissance ?!

As the Fatimids were fierce critics of the Umayyad and Abbasid governments and claimed to implement the true rules of Islam and justice, it seems that their policy in tolerating others was rooted in their religious beliefs (the Qur'an and Sunnah). The issue of recognizing the rights of religious minorities (Dhimmis), and the obligation to protect their property, lives, and dignity was beyond doubt.

While Maliki jurists and judges in Andalusia ruthlessly issued fatwas and harsh rulings against the Sufi sect and their leaders and famous Muslim philosophers such as Ibn Masarra, Ibn Arif, Ghazali, and Ibn Rushd, burned their books and sentenced them to various punishments of beatings, confiscation of property, exile, and even execution, some Jews and Christians held official positions in the Fatimid structure. Jews and Christians were free to worship, had their educational schools and courts, and enforced their laws. Imam al-Ghazali the famous jurist and judge, at the Abbasid court in Baghdad, issued fatwas and rulings against Muslim philosophers but he never denied the rights of Christian or Jewish citizens. Muslim thinkers have done extensive research on the rights of citizens and religious minorities. In all these works and writings, the behavior of Islamic leaders, especially the Holy Prophet (PBUH) towards religious minorities, has been the main source of research. The Prophet of Islam, in his conduct and behavior, has shown proper respect for the rights of minorities. According to the verse of the Qur'an : "Indeed following the Noble Messenger of Allah is better for you – for one who is confident of Allah and the Last Day", the rulers and all Muslims are obliged to follow the Prophet. Thus, Muslim rulers, including the rulers of Sicily, had no ideological problem identifying and respecting the rights of minorities.

Despite being in power the Fatimids were always in the minority and ruled over the majority of Sunnis. Their general policy has been religious tolerance, but cases contrary to this general policy have also been reported about al-Hakim bi-Amar Allah, who seems to have dealt with some minorities as a result of political action and reactions, as well as internal and external security situations, like the threat of a crusade. Given that such events have been intermittent, I can not consider them a general policy.

Here are some of the religious teachings and guiding principles of the Quran that have been considered by the Fatimids. Undoubtedly, the Fatimids who took their name and brand after Fatima, the daughter of the Prophet of Islam, and considered themselves sacred because of their affiliation with the Prophet, considered themselves obliged to follow these teachings. The multicultural policy and the tolerant policy of the Fatimids can be found in these guiding principles :

No compulsion in religion : The Quran and Sunnah called to have religious tolerance, compassion, and harmony between Muslims and others, and forbade them from insulting the sanctities of the polytheists, because the method of the Prophet's call and the invitation is not coercive or fanatical. (Munawar Rahmat, 2019). The holy Quran bestows freedom of religion on every individual and strongly disapproves of using force and pressure. The religious ascendency of Islam is couched logically and persuasively in the holy Quran but one cannot find a single verse asking its adherents to use coercion to compel others to embrace Islam. On the contrary, compulsion in matters of religion runs counter the tolerant spirit of the holy Quran (Umma Farida, 2019, p. 95) : "There is no compulsion at all in religion; undoubtedly the right path has become very distinct from error," (Quran, 2021, pp. 42, 2 : 256).

Recognition of religious and cultural diversity : Islam provided the foundations of the importance of recognizing religious, ethnic, and cultural diversity. God in the Quran also praises adherents of religions outside of Islam, as in the following verses : "Indeed the believers (the Muslims) and those among the Jews, the Christians, and the Sabeans who sincerely accept faith in Allah and the Last Day and do good deeds ‒ their reward is with their Lord; and there shall be no fear upon them nor shall they grieve." (Quran, 2021, pp. 110, 2 : 62) in another verse stated : "All of them are not alike; among the People given the Book(s) are some who are firm on the truth ‒ they recite the verses of Allah in the night hours and prostrate (before Him)." (Quran, 2021, pp. 59, 3 : 113-114). "Among the People given the Book(s) is one who, if you trust him with a heap of treasure, will return it to you; and among them is one who, if you trust him with (just) one coin, will not return it to you unless you constantly stand over him (keep demanding); that is because they say, "We are not obliged in any way, in the case of illiterates"; and they purposely fabricate lies against Allah." (Quran, 2021, pp. 59, 3 : 5). The issue of the rights of citizens and religious minorities is one of the well-known issues in the system of Islamic law and sharia. The subject of the rights of citizens and religious minorities in the Qur'an, the tradition and practice of the Prophet of Islam are so clear that Muslim jurists and rulers have never doubted it. God has commanded the believers to have a just and friendly relationship with those who do not have a religious war with the believers and do not persecute the Muslims because of their religion : "Allah does not forbid you from those who did not fight against you because of religion and did not drive you out from your homes, that you should be kind towards them and deal with them fairly; indeed the equitable are the beloved of Allah. (Quran, 2021, pp. 550, 60 : 8).

Indeed, if others committed aggression and displaced Muslims from their homeland, then in such an atmosphere of hostile action, they have no right to have friendly relations with the enemy, and self-defense is not a right, but duty : "Allah forbids you only from those who fought against you because of religion or drove you out from your homes or helped others to drive you out, that you should befriend them; and whoever befriends them － it is they who are the unjust." (Quran, 2021, pp. 550, 60 : 9). However, Muslims are not free to commit any wrongdoing or war crime under the pretext of defending themselves. They do not have the right to attack those who are not warriors : "And fight in Allah's cause against those who fight you and do not exceed the limits, and Allah does not like the transgressors." (Quran, 2021, pp. 29, 2 : 190). Believers should behave and act justly. Even if the enemy commits war crimes and barbaric acts, they should not give up justice and seek revenge : "O People who Believe! Firmly establish the commands of Allah, giving testimony with justice – and do not let the enmity of anyone tempt you not to do justice; be just; that is nearer to piety – and fear Allah; indeed Allah is Well Aware of your deeds." (Quran, 2021, pp. 108, 5 : 8)

The duty to provide security for all citizens, including minorities : 'The right of recognition of a minority' is the first and most important element in multicultural policy. Islam deeply recognizes this right and has accepted non-Muslim residents and refugees as a religious minority and "Dhimmi". When Imam Ali Ibn Abi Talib, sent Malik ibn Ashar as his governor to Egypt, wrote : "Be it known to you, O, Malik, that I am sending you as Governor to a country which in the past has experienced both just and unjust rule… Keep your desires under control and… Do not behave with them like a barbarian, and do not appropriate to yourself that which belongs to them. Remember that the citizens of the state are of two categories. They are either your brethren in religion or your brethren in kind (Seiyed Radi; Subhi Salih, 2010, p. 427).

Not only the government but every Muslim has to respect their rights. The Islamic government has to defend itself against any threat. The Fatimids considered themselves true followers of Imam Ali, who said : "Fear God and respect the rights of people and cities, because you are even responsible for the rights and interests of animals." (Salih, 1986, p. 242) Imam told some government officials that : "You have no right to beat a Muslim, a Jew or a Christian for taxes" (al-Ameli, 2012, p. 133). Once he and his companions saw an old blind man begging. Imam Ali asked : "What is this?" They said, he is a Christian. Imam Ali said : It is not deserving that he has served until old age and disability and now begs! "Pay for his living from the treasury." (Mohammadi Rayshahri, 2015, p. 1228)

Ⅲ. The problem of research on the Fatimids

One of the problems of research on the Fatimids is the lack of resources, especially reliable sources. In addition, because the Fatimids were in the minority, they did not share all their beliefs with others. On the other hand, the available sources are often not neutral and were written by their political or religious opponents. Even though they were in power, the Fatimids were a minority within their territory and outside. They had strong opponents such as the Abbasids and Ghaznavids in the east, and the Maliki-Sunni rulers of Andalusia and northwestern Africa. Since they were Shia, their opponents did not hesitate to excommunicate them and write against them.

For example, Abu Hamid Muhammad al-Ghazali was a staunch opponent of them. He led a wave of propaganda against the Fatimids throughout the Islamic world. Imam al-Ghazali was the head of 'the Nezamiya of Baghdad, one of the most important religious schools in the Islamic world and the highest judicial official in the Abbasid government. At that time, scholars from all over the Islamic world, including from the Fatimid territory, came to Baghdad and Abbasid schools to continue their education. He sent some of the great scholars who had graduated from Baghdad to the capital of Fatimids for political and religious activities. For example, al-Turtushi was sent to Alexandria and in Egypt, where he even established close ties to the Fatimid Sunni ministers and sometimes created security problems for the Fatimids. The same pro-Abbasid scholars united with the ministers of the Fatimid government, overthrew the government, accused the last Fatimid caliph of blasphemy, and sentenced him to death. Salahuddin and the Ayyubid rulers then pursued the movement of de-Fatimization and de-Shiism.

References

Adam Zeidan & Britannica's editors. 2021 10 26. *Ahl al-Bayt*. Retrieved from
https://www.britannica.com: https://www.britannica.com/topic/Ahl-al-Bayt

Agostino Cilardo. 2012. *The Early History of Ismaili Jurisprudence : Law Under the Fatimids*. New York : Institute of Ismaili Studies.

al-Ameli, H. 2012. *wasail al-shia 9*. Qom : Aal al-Beit.

Ashtari Tafreshi & Alireza Badkoubeh Hazaveh. 2011. The Religious Policies of Fatimid's Sunni Vazirs. *P azhuhishnameh Tarikh Tamaddon Islami*.

Goldschmidt, A. 2002. *A concise history of the Middle East*. Colorado : Westview Press.

Hoseinzadeh Shanechi, H. 1998. Translation of Muslim Scientific Texts in Europe. *History of Islam*, 80. Retrieved from
http://hiq.bou.ac.ir/article_6049_4842555d9b4dde123671d3aaa7b1bb09.pdf

Ibn Farhoon, I. i. 2005. *Al-Dibaj al-Madhhab fi Marifat A,ayan Ulama al-Madhhab*. Cairo : Dar al-Turath liTaba wa al-Nashr.

Maqrizi, A. 1996. *Ette'aaz al-Honafa be Akhbaar al-A'emma Al Fatemeyyeen Al Kholafaa 1*. Cairo : Al-Majlis al-Aala.

Maqrizi, A. 1997. *Al-Mawaiẓ wa-al-Itibar bi-Dhikr al-Khiṭaṭ wa-al-athar (1)*. Beirut : Dar Al-Kutub al-Alamiya, Beirut.

Maqrizi, A. 1997. *Al-Mawaiẓ wa-al-Itibar bi-Dhikr al-Khiṭaṭ wa-al-athar (2)*. Beirut : Dar Al-Kutub al-Alamiya, Beirut.

Mohammadi Rayshahri . 2015. *Mizan al-Hikma 9*. Qom : Dar al-Hadith.

Mousa Zadeh, Z. (n.d.). *The Process of The Impact of the Sinavi and Islamic Wisdom in Andalusia and Contemporary Spain*. Retrieved from
https://civilica.com/doc/703483/

Mousavi, Seyed Jamal; Dhilai, Negar. 2010. Fatimid policy towards Sunnis. *Islamic history and civilization 6*.

Munawar Rahmat. 2019. Creating Religious Tolerance Through Quran. *Jurnal Pendidikan Islam Vol. 5 No. 2*.

Nueman, Q. 1960. *Asas al-Tawil (1)*. Beirut : Dar al-Thaqafa.

Nueman, Q. 1972. *Da'aim al-Islam (1)*. Cairo : Dar al-Ma,arif.

Qaderi Abd al-Vahid, Azar Jalilian. 2013. The Trend of Stabilizing the Maleki Religious Jurisprudence in Aghlabian Age. *Kherad Nama (15)*. 99-.

Quran, T. H. 2021. 10. 27. *The Holy Quran, Translated by : Ahmed Raza*

Khan. Retrieved from Tanzil : https://tanzil.net/#2:62

Salih, S. 1986. *Nahjul al-Balgha 1.* Beirut : Al-Buhouth al-Islamiya.

Salmasi, M. 2012. Abu Hatam. In *Great Islamic Encyclopedia (5)* Tehran : Great Islamic Encyclopedia.

Seiqal, R. 2010. History of Rational Sciences in Siqqiliya. *History of Islam,* 76.

Seiyed Radi; Subhi Salih. 2010. *Nahj al-Balagha.* Beirut : Dar al-Kutub.

Umma Farida. 2019. Religious Tolerance in the Quran and Sunnah. *urnal Ilmu-Ilmu Ushuluddin Vol. 20 No. 19.* Retrieved from http://ejournal. uin-suka.ac.id/ushuluddin/esensia/article/view/1747

4부

오스만제국 유대인의 삶으로 바라본 시칠리아 문명교류 유형
(Types of Civilizational Exchanges in Sicily with the
Ottoman Empire's Jewish Life)

1. 동부 지중해 아나톨리아반도의 다문화 대표, 오스만 제국

동부 지중해 문명의 요람인 아나톨리아반도 즉, 소아시아는 인류 역사와 함께 수많은 문명과 제국의 흥망성쇠를 겪은 지역이었다. 인류 최초의 집단 거주지로 알려진 차탈회윅을 비롯해 히타이트, 아시리아, 그리스, 로마, 동로마(비잔틴), 셀주크, 오스만제국 등 다양한 문명의 터전이 된 아나톨리아에는 다양한 인종, 종교, 민족, 언어 등 문화적 요소의 변천과 함께 문명교류의 다양한 형태를 찾아볼 수 있다.

그 가운데 동부 지중해의 대표적 문명 가운데 하나인 오스만제국 문명은 아나톨리아반도를 중심으로 이어졌으며, 오스만제국은 발칸반도와 아나톨리아를 중심으로 13세기부터 20세기 초까지 지

속되었다. 15세기 이후 오스만제국은 문명의 황금기를 누렸으며 유럽과 아시아, 아프리카를 지배하며 지중해 문명에 막대한 영향을 끼치기도 했다.

1299년 아나톨리아 쇠위트(Söğüt)를 수도로 삼아 작은 공국으로 시작한 오스만제국은 이후 오르한 가지(2대 술탄. 재위 1326-1362년)에 이르러 아나톨리아 반도 북서부에 위치한 동로마 제국령이었던 부르사(Bursa)를 점령하여 이를 새 수도로 삼았다. 부르사는 그 당시 동로마제국이 다스리던 주요 도시 가운데 하나였으며, 부르사의 함락은 곧 동로마 비잔틴제국의 아나톨리아반도 내에 세력 약화로 이어졌다.

1453년 오스만제국의 콘스탄티노플 함락은 아나톨리아반도가 지닌 다문화성이 증폭되는 계기를 마련했다. 이전 시기의 아나톨리아반도는 비잔틴 로마 문명을 계승한 기독교 문명의 일부였으나, 오스만제국의 콘스탄티노플 함락 이후 아나톨리아반도는 상이한 문명이 공존하는 공간으로 변모하였다. 즉, 오랜 기간 정복 전쟁과 유목생활을 바탕으로 형성된 중앙아시아 스텝 투르크계 문화의 바탕에 수니 이슬람과 수피즘이 가미되고, 인접지역이었던 페르시아의 문명과 새로 함락된 콘스탄티노플에 잔재했던 비잔틴 제국의 문명이 혼합된 것이다.

이로써 아나톨리아반도의 오스만제국은 당대 그 어떤 지역보다도 다문화 문명의 대표적 사례가 되었다. 이처럼 오스만제국의 아나톨리아반도 내 영향력 확대와 제국으로서 영토 확장은 지중해를 끼고 중앙아시아, 중동, 아프리카와 유럽을 연결하는 문명교류의 장을 마련하였다는 평가를 할 수 있는 것이다.

2. 오스만제국의 다문화 포용과 비무슬림에 대한 유연한 지배정책

오스만제국에는 다양한 문화적 요소가 혼재되어 있으며, 이들 문화적 요소가 구성하는 집단 간 세력 균형과 불균형이 시시각각 교차하였다. 그 가운데 15~17세기 오스만제국과 유대인 집단의 문명교류 형태는 지중해 문명교류 시칠리아 접변형 중 상호이해 관계유형에 해당한다고 볼 수 있다.

그 근거로는 유대인 집단(비무슬림)에 대한 오스만제국의 지배 정책을 들 수 있다. 일반적으로 비잔틴제국의 소아시아 내 유대인에 대한 통치는 매우 차별적이었으며, 엄격하게 행해졌다고 알려져 있다. 오스만제국이 콘스탄티노플을 정복할 당시 아나톨리아반도에는 다양한 유대인이 거주하고 있었으며, 콘스탄티노플 카라이트 유대인도 이에 속한다. 또한 이 시기에 살았던 유대인 집단으로는 로마니오트 유대인을 들 수 있는데, 이들은 그리스 전통을 이어가던 집단으로, 이탈리아계 유대인도 이에 속한다. 이들은 비잔틴 시대 이전 혹은 초기 비잔틴 시기에 소아시아로 이주하여 정착한 집단이다. 1453년 오스만제국의 메흐메트 2세(Fatih Sultan Mehmet Ⅱ, 1444-1446, 1451-1481)[1]가 콘스탄티노플을 정복하는 동안 비잔틴제국의 통치에 불만을 품은 많은 유대인이 술탄과 협력하였고, 오스만제국이 콘스탄티노플을 함락하는 데 많은 도움을 주었다. 그리하여 이들은 이후 오스만제국으로 편입하여 자신들의

---

1) 오스만제국의 제7대 술탄(1444-1446, 1451-1481). 콘스탄티노플을 함락하고 동로마제국을 멸망시킴. 오스만제국의 영토 확장에 혁혁한 공을 세워 '정복자(Fatih 파티히)'라는 별칭이 붙었다.

문화를 유지할 수 있는 권리를 부여받았다.

　오스만제국의 비이슬람 민족에 대한 정책은 밀레트 제도를 기반으로 피지배 민족에 대한 관용정책 즉, 종교, 언어, 생활규범, 전통, 법 등을 인정하고 유지할 수 있도록 하는 권한을 주는 정책이었다. 오스만제국의 관용정책은 이후 오스만제국이 영토 확장을 하며 더 많은 다문화성을 제국 내로 끌어들이는 데 중요한 요인으로 작용하였다.

　이는 시칠리아 문명교류 유형 중 '상호이해의 관계 유형(접변형)'에 해당하는 시기인 노르만-호헨슈타우펜 왕가의 지배에서도 비슷하게 나타나는데, 노르만은 시칠리아에 실용주의에 기초한 관용정책을 시행하였고, 이를 통해 높은 문명 수준에 오를 수 있었다. 오스만제국 또한 피지배민족에 실용주의적 관용정책을 시행했는데 대표적인 것이 바로 이슬람세계의 딤미(dhimmi) 제도를 바탕으로 한 밀레트(Millet) 제도이다. 현대 터키어로 밀레트는 민족을 의미한다. 원래 밀레트는 아랍어에서 파생한 말로, 오스만제국에서는 밀레트가 제국 내에서 다양한 신앙에 근거한 각 민족집단을 일컫는 말로 인식되었다. 오스만제국의 민족집단은 대략 60여 개로 구별할 수 있었는데, 그 가운데 절반이 무슬림 집단이었고 절반에 가까운 수의 기독교 집단과 나머지 유대인 집단이 있었다. 그러나 유대인 집단은 오스만제국 내에서 소수 집단에 해당하지만 수적인 열세에 비해 오스만제국의 경제에 끼치는 영향력은 매우 컸다.

　오스만제국에는 총 4개의 밀레트가 존재했다. 그 가운데 무슬림 밀레트가 가장 큰 집단이었으며, 그리스 정교, 아르메니아 기독교, 유대교 밀레트가 존재했다. 무슬림을 제외한 비무슬림 밀레트 구성원은 인두세(지즈야)를 납부할 의무가 있었고, 이를 대가로 그들의 전통과 문화를 유지할 수 있었다. 각 밀레트의 수장은 오스만제국 수도인 이스탄불에 거주하며 밀레트 구성원을 책임지고, 중앙정부와 밀레트 구성원을 연결하는 역할을 했다. 오스만제국의 밀레트 구성원은 자발적인 계약을 통해 문화 자치권을 누렸다. 즉, 오스만제국은 밀레트 제도를 통해 언어, 종교, 관습, 교육 등 문화를 유지할 수 있도록 유대인들에게 허용하였으며, 오스만제국은 비무슬림과 비투르크에게 상생과 공존의 기회를 부여했다.

이 글에서는 15~17세기 오스만제국으로 이주한 유대인의 정착 과정과 그들의 복식에서 보여주는 오스만제국의 통치 전략을 살펴보고자 한다. 오스만제국은 문명교류를 통해 다문화적 요소를 포용하는 유연한 전략으로 세력 균형과 문화적 번성을 도모하였고, 유대인 집단 또한 그들의 문화를 오스만제국 내에 접목하여 공존의 삶을 선택했다는 점에 초점을 두었다.

3. 상호이해와 균형의 오스만제국과 유대인 사회

오스만제국 내 다양한 유대인 집단

오스만제국의 유대인 집단은 크게 비잔틴제국 이전 즉, 동로마제국 시기 아나톨리아반도에 거주하던 유대인 집단과 15세기 스페인 종교재판 이후 스페인, 포르투갈, 이탈리아, 시칠리아에서 이주해 온 유대인 집단으로 크게 나눌 수 있다. 또한 오스만제국 내 유대인은 일반적으로 사용하는 언어와 이들이 따르는 전통, 출신에 따라 네 그룹으로 나눌 수 있다.

먼저 로마니오트 유대인은 유럽 지역에서 역사가 가장 오래된 유대인 공동체 중 하나로 비잔틴제국 내 공동체를 형성하였다. 주로 이탈리아와 그리스 지역에 거주하며 그 지역의 문화적 전통을 유지하고 있었다. 알함브라칙령으로 이베리아반도에서 추방된 유대인이 유입되기 전까지 오스만제국 내에서는 수가 가장 많았던 집단이었으므로 오스만제국에서 그 영향력을 행사했다. 현재 로마니오트 유대인은 이스라엘에 4만 5,000명, 그리스 1,500명, 미국 5,000명, 터키 500명 순으로 거주하고 있다.

두 번째로 스파라딤 유대인은 오스만제국에서 가장 수가 많은 집단으로, 15세기 이후 스페인과 포르투갈에서 추방된 유대인 집단이다. 스파라드는 히브리어로 스페인을 뜻하는데, 아나톨리아반도 내 스파라딤이 모두 스페인 계통은 아니지만 이탈리아 및 포르투갈 유대인 또한 스파라딤으로 불렸다. 주로 테살로니키와 이스탄불, 에디르네를 비롯해 이즈미르와 아나톨리아반도의 여러 도시에 거주했다. 바예지트 2세(1481-1512)는 콘스탄티노플을 점령한 이후 전쟁 복구와 경제 활성화를 위해 유대인을 대거 받아들였으며, 이들을 제국 전역의 각 지역에 분산하여 정착시켰다. 이스탄불 파디흐지구의 전통적 유대인 거주촌 발라트(balat)가 형성된 것 또한 바예지트 2세 시기 정책적 이주를 통한 결과이다. 이들은 스페인과 포르투갈 문화의 영향을 비교적 많이 받아 기존의 전통 유대 관습을 많이 변화시켜 이어오고 있었으며, 안달루시아 무슬림 통치 시기 사회·문화적으로 중요한 영향력을 행사했다. 이들은 오스만제국으로 이주해 대부분이 서비스 업종에 종사하였다. 주로 유대 스페인어인 라디노어를 사용했으며 수적으로 가장 큰 집단이었던 스파라딤은 점차 영향력을 넓혀 갔으며, 이후 로마니오트와 아슈케나짐 또한 스파라딤의 전통과 문화에 흡수되는 양상을 보였다. 2021년 기준 터키공화국 내 유대인은 약 2만 2,500명으로 집계되었으며, 그중 약 96% 이상이 스파라딤으로 구성되어 있다.

세 번째 집단은 아슈케나짐으로 주로 독일어권에서 이주한 유대인을 지칭한다. 아슈케나짐은 탈무드 전통을 이어가는 집단으로 중부 유럽과 북유럽 유대인도 포함된다. 14세기 프랑스에서 추방된 유대인 일부가 오스만제국으로 이주하였다. 또한 무라트 2세(Murad Ⅱ, 1421-1451) 시기에도 아슈케나짐이 오스만제국 영토로 이주하였다. 아슈케나짐의 이주는 에디르네 아슈케나짐 사회에서 존경받던 하캄 이작 사르파티(Hakham Izak Sarfati)가 유럽 유대인에게 보낸 이주 장려 편지를 통해 1460년 많은 아슈케나짐이 루멜리 지역으로 이주하였으며, 이후 바예지트 2세 시대에도 아슈케나짐의 이주는 계속되었다. 이후 술탄 슐레이만(Sulaiman, 1520-1566)의 헝가리 점령 시 많은 아슈케나짐이 협력하였고 이에 세금면제 혜택을 받기도 하였다. 또한 일부 아슈케나짐이 오스만제국 궁정 요직에 임명되기 시작하며 정치뿐만 아니라 외적 측면에서도 영향력을 행사하였다.

마지막 집단은 이탈리아계 유대인이다. 이들은 비잔틴제국 시대에 이탈리아 제노바, 베네치아, 안코나, 시칠리아 등지에서 이스탄불로 이주해 온 이탈리아 출신 유대인 집단을 기반으로 한다. 그 후 15세기 스페인 종교재판을 이유로 이베리아반도에서 이탈리아로 이주해 간 유대인 집단도 16세기 즈음 이스탄불로 다시 이주하면서 오스만제국으로 유입되어 이탈리아계 유대인 집단으로 흡수되었다. 이스탄불을 비롯하여 오스만제국 영토로 오랜 기간 이주 과정을 거친 이탈리아 유대인은 오스만제국 토착민과 융화되었는데, 지역사회에서 이탈리아 공동체로 등장한 것은 19세기에 이르러서이다. 이탈리아 유대인 공동체는 탄지마트 개혁 선포 이후 공식적으로 등장했으며, 1862년 이탈리아 정부의 보호 아래 있었기 때문에 이들을 스페인계 유대인과 구분하여 이탈리아 유대인이라고 부른다.

이탈리아계 유대인은 일반적으로 남부 이탈리아를 중심으로 거주하던 로마니오트계 유대인 집단이 중심이 된다. 그 밖에도 중세 후기 이후 이탈리아 북부에 아슈케나짐이 거주했으며, 스파라딤이 15세기 이후 이탈리아 남부에 정착하였으나, 1492년 알함브라칙령 이후 스페인, 포르투갈, 나폴리왕국에서 추방된 스파라딤은 이탈리아 중부와 북부로 이주했다. 따라서 어떤 부분에서는 아슈케나짐, 스파라딤의 전통과 유사성을 보이나, 이들은 그리스-로마니오트 유대인의 전통에 더 가깝다고 할 수 있다.

또한 이탈리아계 유대인과 함께 더 세부적으로 남부 이탈리아 유대인 즉, 시칠리아 출신 유대인을 언급할 수 있다. 알함브라칙령 전 시칠리아에는 3만여 명의 유대인이 거주하고 있었으며, 이는 그 당시 시칠리아 전체 인구의 3~5%를 차지하는 수치이다. 이들은 로마니오트 유대인 문화와 밀접한 관계를 맺고 있었다. 칙령 이후 강압에 따라 개종한 유대인 9,000여 명을 제외하고 대부분의 유대인은 1493년 시칠리아를 떠나 로마, 나폴리로 이주했다.

그 후 다시 추방당하거나 박해를 피해 여러 지역을 전전했다. 스페인계 유대인 또한 추방되어 이 지역으로 이주했으나, 16세기 중반 이탈리아 남부 지역 또한 스페인왕국의 통치권 아래 있었기 때문에 유대인은 남부 이탈리아를 완전히 떠났고, 이후 오스만제국 영토 내 알바니아, 그리스(테살로니키), 이스탄불, 시리아(다마스쿠스), 팔레스타인, 이집트(카이로) 등으로 이주했다. 따라서 남부의 로마니오트 시칠리아 출신 유대인, 북부의 아슈케나짐 이탈리아계 유대인과 함께 이베리아반도에서 이탈리아로 유입된 스파라딤 유대인도 결국 오스만제국으로 이주했다고 볼 수 있다.

유대인의 오스만제국 이주와 정착 - 1492년 스페인 종교재판 이전 오스만제국의 유대인

아나톨리아에서 터키인과 유대인 관계는 1071년 말라즈기르트(Malazgirt)전투의 승리로 셀주크제국이 아나톨리아반도에 발을 내디뎠을 때부터 시작되었다고 볼 수 있다. 오스만제국에 이르러 오르한(Orhan, 1324-1360) 시대 부르사(Bursa)의 정복을 통해 유대인과의 만남이 시작되었다. 오스만제국이 1324년 부르사(Bursa)를 함락하면서 이 지역에 살고 있던 기독교인과 유대인은 그들의 땅을 떠나 이주했으나, 오르한 가지2)의 칙령 이후 유대인들은 오스만제국의 땅으로 다시 돌아왔다. 오르한 가지는 유대인 공동체가 행정과 과학, 산업, 금융, 무역과 같은 분야에서 탁월한 재능이 있다고 판단하였고, 이러한 재능이 그 당시 오스만제국의 발전과 팽

---

2) 오르한 가지(Orhan Gazi, 1324-1360), 오스만제국의 두 번째 지배자, 부르사 정복 후 오스만제국의 수도로 삼았다, 이슬람법 제도 정비와 메드레세(현대의 대학에 해당) 창설, 교육제도 확립 등 공국에서 국가로 이행하는 체제 정비에 노력을 기울였다.

창에 긍정적인 영향을 미칠 수 있을 것으로 기대했기 때문에 유대인의 오스만제국 편입을 장려했다. 부르사에 유대교 회당을 건설하고 종교적 신념을 따라 편안하게 생활할 수 있도록 별도의 공간을 마련해 달라는 그들의 요청이 받아들여졌다. 또한 유대인은 하라즈(haraç, 이슬람 율법에서 토지에 부과하는 세)로 불리는 세금을 내는 대가로 재산을 소유할 수 있는 권리를 부여받았다. 무라트 1세(Murad Ⅰ, 1360-1390) 통치 기간에 에디르네가 함락된 후, 발칸반도 내 유대인은 오스만제국 영토에 정착했다. 에디르네가 수도가 되고 수석 랍비의 권위가 높아짐에 따라 오스만제국과 많은 해외 유대인이 에디르네로 들어와 교육을 받기도 했다. 이같은 과정을 통해 그 당시 오스만제국 영토였던 에디르네는 유대인 교육의 중심지가 되었다. 1394년 이후 유대인은 유럽에서 아나톨리아로 이주하며 정착이 시작되었다. 메흐메트 1세(Mehmet Ⅰ, 1413-1420) 치세 때 이즈미르가 오스만제국의 영토로 영입됨에 따라, 이즈미르의 유대인 인구는 급격히 증가하였다. 1415년 스페인 지역에서 유입된 유대인이 부르사에 정착했다. 1421~1451년 무라트 2세(Murad Ⅱ) 통치 기간에는 중부 유럽의 유대인 집단인 아슈케나짐 또한 오스만제국으로 이주했다.

이후 메흐메트 2세 또한 이전 술탄과 마찬가지로 유대인에게 그들의 문화적 전통을 유지할 수 있는 권한을 부여하였는데, 그 이유는 선대 술탄들과 마찬가지로 유대인 집단이 그들의 능력을 이용하여 무역과 경제적인 면에서 제국을 강화하는 데 도움을 줄 것으로 기대했기 때문이었다. 메흐메트 2세는 콘스탄티노플 함락 이후 도시 재건과 경제 활성화를 목적으로 오스만제국 내 다른 도시에 있던 유대인을 이스탄불로 초청하여 정착을 장려했다.

1492년 스페인 종교재판 이후 오스만제국의 유대인

유대인의 오스만제국 이주는 1492년 스페인 종교재판을 기준으로 큰 전환점을 맞이했다. 스페인 종교재판 즉, 알함브라칙령 이후 유대인의 오스만제국 이주는 폭발적으로 늘어난다. 이베리아반도 내 불평등 관계와 민족 차별 정책하에 살던 유대인을 개종 혹은 추방이라는 선택지에 놓이게 했다. 즉, 1492년 3월 31일 발표된 알함브라칙령에 따라 개종하지 않은 카스티야와 아라곤에 거주하는 모든 유대인은 그들이 살던 곳에서 그들의 재산을 보장받지 못한 채 떠나야 했다. 추방된 유대인 중 상당수는 오스만제국의 술탄 바예지트 2세(1481-1512)의 초청을 받고 오스만제국으로 이주했다. 콘스탄티노플을 점령한 이후 전후 복구와 경제 활성화를 위해 유대인을 대거 받아들인 바예지트 2세는 이들을 제국 전역의 각 지역에 분산 정착시켰다. 주로 옛 콘스탄티노플인 이스탄불과 보스니아, 루마니아, 세르비아, 그리스 북부, 이집트, 아나톨리아반도의 주요 도시에 이주한 유대인은 종교와 거주의 자유를 보장받았다. 이탈리아, 영국, 네덜란드 지역 등으로 이주한 유대인과 달리 오스만제국으로 이주한 유대인은 그들의 언어를 보존할 수 있었는데 이는 오스만제국과 유대인 집단의 문명교류가 시칠리아 상호이해 관계 즉, 공존의 관계 유형에 해당한다고 볼 수 있는 증거 가운데 하나이다.

1492년 알함브라칙령으로 이베리아반도에서 추방당한 이베리아반도 출신 유대인, 이탈리아 남부에 거주하던 시칠리아 유대인, 이탈리아계 유대인은 민족과 종교 그리고 언어가 전혀 다른 오스만 제국의 환경에 적응해야 하는 급격한 변화를 겪었다. 이 같은 외부 충격과 변수의 개입 과정에서 유대 문명은 외부 문명과 접촉하면서 다양한 선택지를 가지게 되었다.

1492년 종교재판으로 스페인에서 추방당해 이탈리아 남부로, 다시 북부로 이주한 스페인계 유대인과 이탈리아 남부를 중심으로 형성되어 있던 시칠리아 유대인을 포함한 이탈리아계 유대인은 스페인왕국의 영향력이 커지자 남부에서 북부로 이주했다. 또한 오스만제국으로 유입된 이탈리아계 유대인은 19세기에 이르러서야 이탈리아 유대인 공동체로 공식 활동을 했기 때문에 오스만제국에 거주하는 유대인 집단 내 스페인계 유대인 집단과 이탈리아계 유대인 간의 명확한 구분을 내리기 쉽지 않았다. 이는 모두 스페인왕국 영향권에 있던 지역이므로 대부분의 사료에서도 이를 명확히 표기하지 않고 알함브라칙령 이후 이주해 온 지역을 기준으로 스페인, 포르투갈, 이탈리아 등에서 이주해 온 유대인으로 명시하고 있다. 따라서 오스만제국 이주 유대인의 출신 표기가 출생지, 성장지, 연고지 기준인지 아니면 오스만제국 이주 직전의 거주지인지는 불분명하다. 각 유대인 집단을 그들이 사용하는 언어, 지역문화, 전통교리가 무엇이냐에 따라 구별하는 것 또한 오랜 이주 생활을 지속한 유대인에게는 명확한 기준으로 적용하기가 쉽지 않다. 다만 본 연구에서는 스파라드, 로마니오트, 아슈케나즈 유대인 간 전통과 언어, 교리에서 차이가 있었음을 인식하고 있으나, 스페인계와 이탈리아계 유대인이 19세기 이전까지는 유대인 공동체로 함께 공식 표기되었다.

15세기 종교재판 이후 이베리아반도에서 추방된 유대인은 포르투갈과 모로코로 이주했으며, 이후 포르투갈에서도 종교적 이유로 추방당한 유대인은 새로운 정착지를 찾아야 했다. 스파라딤으로 불리던 해당 유대인은 프랑스, 영국, 이탈리아, 북아프리카, 오스만제국 각지의 도시로 흩어졌다. 이 시기 이주한 유대인은 약 20만 명으로 추산되는데, 오스만제국은 가장 많은 유대인의 이주를 허락한 나라였다. 이베리아반도에서 추방당한 유대인 중 약 9만 명이 오스만제국 영토로 이주하였으며[3] 그 가운데 약 4만 명이 이스탄불로 유입되었다. 바예지트 2세는 해당 이주와 관련해 다음과 같이 언급한 바 있다.

> *'그런 왕(스페인 왕 페르디난드)이 현명하다고 누가 말할 수 있겠나? 그가 자신의 나라를 불행에 빠뜨리는 동안 나는 우리 제국을 번성시키노라!'*

즉, 15세기 그리고 그 이후 유대인의 오스만제국 이주와 정착은 오스만제국의 도시 재건 및 경제 부흥 등 경제·정치적 이익과 유대인의 새로운 정착지를 찾고자 한 목적이 합치했기 때문으로 볼 수 있다.

유대인은 영국, 프랑스, 이탈리아뿐만 아니라 헝가리, 루마니아, 세르비아, 그리스, 불가리아, 이집트를 비롯해 아나톨리아반도의 부르사(Bursa), 차나칼레(Çanakkale), 이즈미르(İzmir), 아마시야(Amasya), 토카트(Tokat) 등의 도시에 정착했다. 일부는 사이프러스섬, 케르키

---

3) 오스만제국으로 유입된 유대인의 수와 관련해서는 의견이 많으며, 15만 명으로 추산하는 견해도 있다.

라섬(그리스 이오니아제도), 그리스의 3대 도시 중 하나인 파트라스 같은 지중해 동부 지역에 정착했다. 오스만제국 영토로 이주해 온 유대인은 유대인 집중 거주지인 수도 이스탄불을 비롯해 에디르네(Edirne), 테살로니키로 이주를 선호하였다. 또한 이스탄불과 더불어 이즈미르주 티레(Tire)와 마니사(Manisa)에 정착하기도 했는데 이후 이즈미르의 상업적 잠재력이 높아짐에 따라 티레, 마니사, 테살로니키에 거주하던 유대인이 이즈미르로 이주하기 시작했다(Galanti, 1928 : 16). 따라서 오스만제국의 전통적 유대인 거주지로 테살로니키, 에디르네, 이스탄불, 이즈미르를 대표적인 도시로 들 수 있다.

1) 15~17세기 오스만제국 유대인 사회

유럽에서 이주해 온 유대인은 유럽 상인들과 쉽게 의사소통할 수 있는 수준 높은 언어 능력을 갖추고 있었으며, 이들과 상업적 네트워크를 갖추고 있었기 때문에 오스만제국 내 무역업 분야에서 다른 민족보다 월등한 성공을 거둘 수 있었으며 크게 영향력을 끼쳤다.4) 유대인은 특히 교육 분야에 큰 관심을 두고 이를 중요하게 여겼는데, 이러한 전통이 오랜 시간 이주 속에서도 그들의 언어와 문화를 보존할 수 있게 만들었다. 유대인은 교육과 함께 지식과 정보의 보급에도 힘썼다. 오스만제국 최초의 인쇄기는 유대인을 통해 유입되었는데, 이를 본떠 그리스인과 아르메니아인이 그들만의 인쇄소를 세웠다. 이후 1727년이 되어서야 최초로 터키

---

4) 마찬가지로 포르투갈에서 추방된 유대인은 네덜란드로 이주해 정착하였는데 이들은 네덜란드의 16~17세기 전성기를 이끌었다.

인이 인쇄소를 설립했다. 이즈미르에 거주하던 유대인은 다양한 신문을 발행하여 유대인의 정보와 지식을 지역사회에 알리고 지역사회의 인식 제고에 노력을 기울였다. 또한 1494년에는 이스탄불에 인쇄소를 설립하고 그리스어, 라틴어, 이탈리아어, 스페인어, 히브리어로 제작된 작품을 출판했다. 교육 정보와 지식의 보급을 통해 그들의 문화와 언어를 보존하고자 하던 유대인의 활동이 이후 오스만제국 내 여러 밀레트에 영향을 미쳐 그들의 문화와 정체성을 인식하고 보급할 수 있도록 하였다.

16세기 오스만제국 내 유명한 유대인으로는 유대 역사상 지대한 영향력이 있는 작가 중 한 사람이자 랍비인 조셉 카로(Joseph ben Ephraim Karo, 1488-1571)를 들 수 있다. 그는 스페인 태생으로 1492년 유대인 추방 이후 부모와 함께 포르투갈을 거쳐 불가리아로 이주했다. 이후 오스만제국 영토로 이주한 그는 유대 법전의 위대한 전환점으로 평가받는 슐크한 아루크(Shulchan Aruch, 유대인 법전)의 집필을 이스탄불에서 완성하였다. 그는 오스만제국 내 그리스 영토와 이스라엘 세파드에서 사는 동안 주요 종교 엘리트 집단의 특권을 누렸다.

오스만제국 내 유대인의 전성기는 제국의 황금기였던 15~17세기라고 할 수 있는데, 이는 오스만제국 내 거의 모든 무역과 상업에 유대인이 관여하여 많은 경제적 부를 이뤘고 이를 통해 사회적으로 영향력을 행사했기 때문이다. 그 당시 유대인은 오스만 황실과 친밀한 관계를 바탕으로 제국 내 무슬림이 관심을 두지 않았던 보건업, 무역업 그리고 이슬람에서는 죄악으로 여겼던 세금 청부업과 고리대금업에 포진하였다. 물론 오스만제국의 경제적 부흥을 유대인이 이뤄낸 것이라고 확대 해석할 수는 없지만, 그 당시 유대인이 오스만제국의 경제, 무역, 금융, 상업에 기여했으며 그와 함께 오스만제국의 다문화 포용 정책 및 영토 확장과 맞물려 오스만제국의 황금기를 가능하게 했다고 할 수 있다.

오스만제국의 세금청부제도인 일티잠(iltizam)[5]은 조세 시스템 중 한 가지로 이를 시행하는 사람을 뮐테짐(mültezim/tax farmer)이라 불렀다. 오스만 정부는 국가 소유 농지 경작권과 과세권을 최고 입찰자에게 주었고, 입찰자는 입찰금액을 일시금 혹은 분할로 국가에 내는 시스템을 말한다. 입찰자는 반드시 사라프(saarf)의 보증을 받아야 했다. 일티잠은 토지세를 비롯하여 도시세, 포도주세, 고금세 같은 특정 상품과 서비스에도 시행되었다. 보통 부유계층에 과세권이 팔렸는데 이들은 다시 경작민에게 세금을 부과하고 농산물을 거둬들임으로써 보통 5배 이상의 차익을 챙겼다. 입찰권을 받기 위해서는 그들의 경제적 부나 지위와 상관없이 필수적으로 사라프의 보증을 받아야 했는데, 이들은 입찰권자에게 현대의 은행 역할, 즉 자금을 융통해 주는 역할을 하였다. 또한 사라프는 납세자가 현금 대신 납부한 현물의 위탁판매를 하면서 이러한 과정을 통해 생긴 차액으로 막대한 부를 축적할 수 있었다.

오스만제국의 조세제도는 관료 대상의 세금 징수와 일반인 대상의 세금 징수로 나뉠 수 있는데, 그 가운데 티마르 제도는 제국 내 각 주에 오스만제국 정규 기병대인 시파히를 주둔시키고 티마르라는 봉토를 할당하여 군량과 군비를 자급하도록 한 제도이다.

---

5) 오스만제도의 조세 제도 가운데 하나로 토지에 대한 세금 징수 방법 가운데 하나를 가리킨다. 본 세 제도는 메흐멧 2세 시기 적용되어 19세기 탄지마트 개혁 전까지 통용되었다.

즉, 시파히가 받은 농경지를 대상으로 한 세금 징수와 치안 유지의 권한을 일컫는다. 시파히 기병 부양을 위해 투르크 귀족에게 할당되었던 티마르 봉토들이 16세기 후반 데브시르메 계층 관료의 세력이 확산하면서 이들에게 점차 점유되어 사유물로 전환됨에 따라 국가 재원을 충족시키던 기능을 상실하게 되었다. 이 같은 변화로 16세기 이후 일티잠 제도가 오스만제국의 조세제도에 큰 비중을 차지하게 되었다. 따라서 15세기 이후 16세기까지 급격한 영토 팽창을 이룬 오스만제국은 더욱 강력한 중앙집권화의 필요성과 이에 따른 관료 체제 및 군사제도 유지, 관료 증대 등에 따른 재정력 확보를 위해 국가 재정에 직접 현금으로 이바지할 수 있는 세금청부제도 일티잠을 보다 체계화했다. 이러한 오스만제국 조세제도의 구조적 변화와 함께 자연스럽게 유대인이 주로 종사하였던 세금청부업자와 이들의 자금 운용, 보증 역할을 하던 사라프의 영향력 또한 커졌다. 그 당시 유대인은 오스만 정부와 밀접한 관계를 맺고 환전업, 대부무역업, 세금 대리 징수 보증업 등으로 활동하면서 큰 부를 누렸는데, 사라프의 대부분은 비무슬림 계층이 종사하고 있었으며, 그 가운데 특히 유대인과 아르메니아인이 다수를 이뤘다.

원래 유대인은 전통적으로 보석세공, 무역, 세금청부, 환전업 등에 종사했는데 오스만제국 내에서도 그들의 전통을 살려 비슷한 분야에 종사하였다. 이 시기에는 오스만제국에 금융업이 아직 발전하지 않았기 때문에 송금 업무에 익숙하지 않았을 뿐만 아니라 어려움을 겪고 있었다. 이에 유대인은 이스탄불, 부르사, 알레포, 다마스쿠스 등 무역업이 발달한 도시에서 이전에 그들이 구축한 금융시스템을 도입하여 은행지점 역할을 하였다. 예를 들면 이스탄불에서 알레포로 가려는 상인이 자신이 소유한 돈을 이스탄불에 있는 유대인에게 예치하고, 알레포에 도착했을 때 알레포에 있는 유대인에게 돈을 찾을 수 있게 하였다. 이렇게 유대인은 그들의 금융시스템을 이용하는 대가로 오스만제국 내 무슬림에게서 수수료를 취하며 부를 축적할 수 있었다.

16세기 초 오스만제국으로 유입된 유대인은 20만 명에 이르렀으며, 이들의 영향력이 커지기 시작했다. 유대인들은 셀림 1세(Selim I, 오스만제국의 제9대 술탄, 1512-1520) 시기에 화폐주조, 세금청부업, 환전업 같은 직종에 주로 종사했는데, 유대인이 부를 축적하는 속도와 양이 늘어남에 따라 사회에서 이들을 견제할 필요가 있다는 사회적 목소리가 생겨나기 시작했다.

입법자로 불리는 카누니 술탄 슐레이만(오스만제국 제10대 술탄, 1520-1566)은 포르투갈 출신 유대인 조셉 나시(Yasef Nassi)를 고위 관리로 기용하기도 했다. 그는 오스만 궁정에서 영향력을 발휘하여 유대인의 팔레스타인 지역 이주와 정착을 도모하였고, 그 결과 셀림 2세 통치 기간까지 유대인의 수는 꾸준히 증가하였다. 셀림 2세는 조셉 나시의 능력을 높이 샀고, 낙소스 공작 지위를 하사하였으며, 조셉 나시는 포르투갈에서 외교관과 행정가로 활약하였다. 그는 오스만제국으로 이주 후 자신이 그간 구축한 유럽 지역 내 무역 네트워크를 활용하여 오스만제국의 외교정책에 큰 영향력을 끼쳤다. 예를 들면 그는 1562년 오스만제국과 폴란드의 평화협상, 폴란드 국왕 선출에 영향을 주었다. 또한 그가 주장하는 유대인 정책에 우호적인 왕자들이 집권하도록 노력을 기울었다. 그는 베네치아로부터 낙소스섬의 통치권을 쟁탈하였을 뿐만 아니라 몰도바와 포도주 무역 독점권, 폴란드와 밀랍 무역 독점권도 얻었다. 1571년 오스만제국의 사이프러스섬 정복 이후 그는 이곳에 유대인을 이주, 정착시켜 이곳을 통치하고자 했으나 결국 실패하였다. 특히 조셉 나시는 슐레이만 1세 시기 왕실 간 유대를 바탕으로 티베리아스6)에 유대인 정착촌 설립 허가를 받아 그곳에 유대인의 이주와 정착을 장려하였다. 티베리아스와 인근 지역 전권을 얻은 그는 1564~1565년 티베리우스에 성벽을 재건하는 등 유대인의 안전에 노력을 기울였다. 조셉 나시를 비롯하여 오스만제국 내 사회적 영향력을 행사하던 대부분의 유대인 사회의 권익 보호와 유대인 왕국 건설을 지원 혹은 실행하고자 했기 때문에 이는 유대인 사회의 남다른 부의 축적으로 지역사회 내 반감의 원인을 제공하였다고 볼 수 있다.

유대인은 외교, 무역, 금융업 외에도 도축업자, 약사, 의사, 간호사, 간병인, 방직·방적업자, 실크 제조업자, 천 염색업자, 재봉사, 이발사, 거울세공업자 등으로 활동하였다. 이처럼 14~16세기 오스만제국 내 유대인은 무역, 상업, 외교, 행정, 의료 분야 등 오스만제국의 중요 분야와 직군에 종사하며 오스만제국의 정치, 경제, 사회, 문화에 영향을 미치며 전성기를 누렸다.

17세기에도 유대인의 오스만제국 이주는 계속되었다.7) 1610년

---

6) 이스라엘 갈릴리호수 서부 마을.

7) 17세기 이후 오스만제국 유대인 사회는 사바타이 제비 사건을 겪으면서 큰 변화를 맞게 된다. 사바타이 제비(1626-1676)는 오스만제국 이즈미르 지역 세파르딤 랍비로 자신이 메시아임을 주장하며 1666년 6월에 구원이 이루어질 것이라고 종말의 날짜를 선포했고, 추종자를 모았다. 오랜 기간 여러 나라를 떠돌던 유대인의 공통적 희망은 메시아가 그들을 구원하여 약속의 땅 이스라엘로 이끌고 그들만의 왕국을 건설한다는 것이었다(이기찬 2008 : 14-16). 유럽 지역을 비롯하여 오스만제국 내 사바타이 제비 추종자들은 그동안 모았던 부동산을 비롯한 전 재산을 처

스페인과 포르투갈에서 추방된 유대인 대부분은 이스탄불로 건너와 정착하였다. 17세기 유대인은 주로 은행업, 고리대금업, 중개업, 보석세공업, 외식업(선술집), 양피지 제조업, 치즈 상인, 옷감 및 노예 무역상 등 다양한 직종과 직군에 종사하면서 이전 시기와 마찬가지로 이스탄불 지역 유대인은 매우 부유하고 호화롭게 살기 시작했다. 유대인이 사회 여러 방면에서 투르크인과 비교하여 많은 부를 축적함에 따라, 이들에 대한 부정적인 시각이 증가하였다. 또한 이들이 오스만제국 정치, 외교, 경제에 끼치는 영향력에 우려를 나타나기 시작했다. 예를 들면 조셉 나시는 자신의 특권을 이용하여 친인척과 지인들을 오스만제국 내 좋은 곳에 정착시켰고, 몰도바산 포도주의 독점 과정에서 이스탄불 화폐의 가치를 하락시키는 등 투르크인 사이에서 유대인에 대한 사회적 반감의 빌미를 제공했다.

2) 오스만제국의 유대인 복식에서 나타나는 문명교류의 흔적

오스만제국은 앞서 살핀 바와 같이 밀레트 제도를 통해 각 민족의 종교, 언어, 문화, 생활관습, 전통, 교육의 기회를 제공하였다. 밀레트의 자치권을 통해 각 민족은 제한적이지만 자유를 누렸으며 이는 생활상과 복식에서도 나타났다. 유대인은 역사적으로 끊임없는 이주와 정착 생활을 반복하면서 다양한 지역과 나라의

분하고 약속의 땅인 이스라엘(팔레스타인)로 돌아갈 준비를 했다. 그러나 술탄은 사바타이 제비를 선동죄로 체포하였고, 그 후 자신의 거짓을 고백하며 이슬람교도로 개종하게 된다. 유대인 대중의 질타와 배신감은 꽤 크게 작용하였으며 이후 그는 알바니아로 추방당하여 망명하다 죽음에 이른다. 이러한 사바타이 제비 사건이 거짓으로 드러남에 따라 18세기 초 유럽 내 유대 사회를 비롯하여 오스만제국의 유대인 사회는 충격에 휩싸였고, 이들은 사회·문화적 영향력을 점차 잃고 쇠퇴의 길을 걷게 된다. 사바타이즘은 단기간에 유대 공동체를 무력화하고 유대인에게 그들이 그동안 간직해 온 희망과 기대를 잃게 했다고 평가받는다.

문명과 접촉하는 과정을 거쳤다. 특히 오스만제국에서는 제국의 테두리 안에서 이주 전 그들의 문화 정체성을 다양하게 유지, 변형시키며 교류했다. 앞서 언급한 바와 같이 15세기 종교재판 이전에는 비잔틴 시기부터 거주하던 로마니오트계 유대인이 지배적이었다면, 오스만제국에 이후 스페인과 포르투갈, 이탈리아 등에서 이주한 스파라딤이 서서히 오스만제국의 지배적인 유대인 집단을 형성하게 되면서 오스만제국의 유대인 의상에도 영향을 미쳤다. 그러나 오스만제국의 영토 확장이 줄어들고 이주 유대인 수가 서서히 줄어들면서 점차 유대인 복장도 오스만 양식으로 이행하는 것을 볼 수 있다.

1802년 윌리엄 밀러는 그의 저서 『오스만제국의 복식』에서 유대인에 대해 다음과 같이 언급한 바 있다.

'이 억압받는 민족은 이스탄불보다 다른 어떤 나라에서도 더 많은 특권을 누리고 있습니다. 유대인은 터키인과 거의 동등하며, 더 큰 자유를 가질 수도 있습니다. 자신의 종교에서 자유롭게 예배를 보며, 그들의 법에 따라 심판받는다. 부유한 상인의 대부분이 유대인이고 대부분의 무역이 그들의 손에 달려 있기 때문에 그들은 매우 존경받고 막대한 부를 가지고 있습니다. 미성숙하고 무기력한 상태에서 살았던 부유한 투르크인의 모든 (경제적) 일은 소수의 유대인에게 맡겨졌습니다. 유대인이 없으면 그들의 (경제와 관련된) 일은 돌아가지 않습니다. 그리고 그들은 작업이 완료되지 않았습니다. 유대인은 (시기, 질투와 같은) 두려움 때문에 외출할 때 화려한 복식을 자제하였지만, (반대로) 그들의 집은 호화로움과 사치로 가득 차 있습니다.'

그러나 점차 오스만제국 유대인의 경제력 영향력이 증가하고 상공업, 무역업을 통한 부가 축적됨에 따라 반유대주의가 생겨남에 따라 유대인에게 부여된 권리가 점차 제한되었으며, 무라트 3세 (Murad Ⅲ, 1574—1595)는 유대인의 사회적 영향력 증대와 특권에 제동을 걸었다. 유대인의 복식 규정은 이러한 결과로 간주할 수 있다. 즉, 제국의 황금기 이후 다문화성 요소 간 균형을 유지하고, 다수 집단의 세력을 통제하기 위해서는 경제 이외의 분야에서의 제한을 통해 그들을 견제할 필요가 있었다. 이러한 측면에서 여러 종교, 민족, 언어 집단으로 구성된 오스만제국에서 착용하는 의복은 국가적 측면에서 일종의 각 밀레트의 세력 증대 제한과 계급 및 종교

[그림 1] 유대인 남성 복장. 윌리엄 밀러(1802), 『오스만제국의 복식』
출처 : William Miller, Ali Berktay(çev.) Osmanlı Kyafetleri Türkiye
İş Bankası Kültür yay. 2011 İstanbul

를 구별할 수 있는 일종의 사회적 장치라고 할 수 있다.

오스만제국에서 복식은 계층, 종교, 밀레트를 반영하여 규정하였다. 아나톨리아-비잔틴 전통 위에서 형성된 오스만제국 복식은 엄격한 복식 규정을 지니고 있던 스파라딤 복식과 영향을 주고받았고, 오스만제국 거주 유대인 의복의 색상, 원단, 모양에서 그 특징을 나타냈다. 오스만제국 유대인 복식에 대한 선구적 연구는 니콜라 드 니콜라이(Nicolas de Nicolay, 1517-1583)의 투르크 영토 여행기 『Les Quatres Premiers Livres de Navigations et Peregrinations Orientales Faites en Turquie』에서 찾아 볼 수 있다(1568). 이는 유럽 지역에서 출판된 오스만제국의 삶과 인물을 묘사한 최초의 작품으로 당대 오스만제국 국민의 다양한 일상생활을 엿볼 수 있어 그 역사적 가치가 높다.

투르크 영토 여행기에 따르면, 술탄의 칙령에 따라 공식적으로 무슬림에게만 녹색 의복과 흰색 터번이 허용되었으며 비무슬림이 이 색상을 입는 것은 엄격히 금지되기도 했다. 또한 비무슬림은 무슬림보다 질이 낮은 천을 사용한 의복을 입어야 했다. 또한 무슬림 여성의 페라제에 사용된 켐하(kemha, 브로케이드-실크를 이용하여 옷감을 촘촘하게 짜고 금사나 은사로 장식한 것)나 값비싼 실크, 모직을 겉옷에 사용할 수 없었다.

오스만제국의 유대인은 무슬림과 구별되는 방식으로 그들의 밀레트 내부 전통과 관습에 따라 옷을 입었다. 유대인은 보통 어두운 계열의 색을 지닌 옷과 신발을 착용해야 했다. 터번의 길이, 예복의 너비 또한 제한적이었다. 유대인 밀레트에서는 화려하거나 과시적인 복장을 금지하는 내부규정이 있었는데 이는 다른 밀레트의 유대 집단에 대한 부정적인 시각을 막기 위함이었다. 또한 1829년까지 유대인 남성은 보네타(Boneta)로 불리는 머리쓰개를 착용했다. 이후 마흐무트 2세의 칙령으로 유대인 또한 페즈를 의무적으로 착용해야만 했다.

오스만제국의 유대인은 제국의 규율을 위반하지 않는 선에서 그들의 의복 전통에 정착한 지역민과 유사한 의복 스타일을 혼합하였다. 일반적으로 긴 카프탄을 입었는데, 일부 이탈리아계 유대인은 검은색 비레타를 착용하기도 했다. 오스만제국 거주 유대인 남성의 복식은 색상과 머리 장식으로 비유대인과 구별이 가능했다. 유대인 남성은 일반적으로 위쪽으로 넓어지는 실린더 모양의 머리장식을 착용했는데, 하단은 유색의 터번으로 둘러싸고 있었다. 그리고 보네타(boneta) 혹은 카페제(kaveze)로 불리는 머리장식(모자)을 착용했다.

또한 유대인 남성은 샬바르(şalvar, 배기바지의 일종)와 소매가 넓고 어두운 색의 엔타리(entari, 로브의 일종)를 함께 입었다. 또한 담배나 돈 등을 넣을 수 있는 두꺼운 천으로 만든 허리띠를 하고, 조끼를 입었으며, 겨울에는 모피가 달린 외투를 입었다. 머리에는 터번을 감싸고 위로 갈수록 넓어지는 형태의 보네타를 썼다. 얇은 가죽신을 신었으며, 랍비 또한 일반적 유대인 남성과 거의 비슷한 복장을 착용했다.

오스만제국의 유대인 여성은 일반 투르크 여성의 복식과 마찬가지로 페라제(ferraze, 겉옷)와 엔타리(entari, 상의), 샬바르(şalvar, 하의), 머리쓰개, 숄 등을 착용했다고 전해진다. 외출복과 실내복 사이에는 큰 차이가 있었으며, 짙은 색 페라제와 신발을 보고 유대

여성임을 알 수 있었다. 이에 비해 실내에서는 비교적 화려한 색의 옷을 입었고, 머리카락을 땋아 늘어뜨리는 형태를 갖추었다. 머리쓰개로는 마흐라마(mahrama)로 불리는 긴 스카프를 사용하였다.

　초기 오스만제국의 유대인 여성의 복식에 관해서는 충분한 사료가 전해지지 않고 있어 자세한 사항을 알기 어렵지만, 셀림 2세가 발표한 의복 관련 칙령, 앞서 언급된 유럽 학자들의 기록, 유대인 사회의 내부규정 등을 통해 미뤄 짐작해 볼 수 있다. 18세기 이후 유대인이 오스만제국 복식에 따라 투르크 스타일로 입었다고 전해진다. 셀림 2세가 1568년 공표한 칙령에 나타난 복식 규정은 다음과 같다.

> '유대인과 무신론자의 페라제는 검은 계열의 천으로 만들어야 하며…허리띠는 반은 면으로, 반은 실크로 된 것을 두르고, 머리에 착용하는 터번은 지나치게 크지 않아야 한다. 신발은 검은색으로 규정한다. 여성의 경우, 자신들의 밀레트 규정에 따라 낙타 가죽 혹은 부르사 면으로 만든 치마를 입을 수 있다. 속옷의 경우 하늘색이 허용된다. 다른 색은 허용되지 아니한다. 여성 신발은 오스만제국 투르크인 신발의 형태가 아닌 자신들의 옛 관습에 따라 쿤두라(kundura, 슬립온 형태의 거친 신발)를 신어야만 한다. 무슬림 여성처럼 브로케이드(brocade, 화려한 색 실크천, 금사 혹은 은사로 짠 풍부한 장식의 셔틀 직물의 일종)로 만들어진 코트를 걸칠 수 없다. 코트를 입을 경우, 면으로 만들어진 것을 착용해야만 한다…'

[그림 2] 16세기 오스만제국 콘스탄티노플 유대인 복식, 왼쪽부터 유대인 미망인, 기혼 여성, 남성, 의사

출처 : And Metin(2019), 『16세기 이스탄불』, YKY.

이처럼 유대인 여성은 무슬림 여성의 복식에 비해 색상, 천의 종류와 질, 크기 등에서 일정 부분 제한을 두고 있었으며, 사회 경제활동을 활발히 하던 유대인 남성에 비해 가정에서 활동이 주로 강조되었다.

로브의 일종인 페라제는 15세기부터 오스만제국 투르크 여성이 외출 시 입는 통이 넓은 겉옷(코트의 일종)이었다. 유대인 여성 또한 오스만제국 복식문화를 흡수하여 이 페라제를 착용했다. 페라제는 앞 부분이 개방형이며, 단추 등으로 여밀 수도 있고 몸통과 소매통이 넓으며 길이는 발에 이른다. 목 부분을 라운드 혹은 브이넥 형으로 되어 있으며, 옷 앞면 양쪽에는 주머니가 달려 있는 경우도 있다. 15~16세기 부르사 자치법에 따르면 바느질로 앞쪽 하의 부분을 박음질하라는 규정이 존재했다. 페라제는 이슬람 법령에 따라 무슬림만이 실크 안감과 깃을 사용한 것을 입을 수 있었으며, 비무슬림의 경우에는 면으로 만들어진 페라제를 착용할 수 있었다. 16세기에 페라제는 여름에는 얇은 실크로 만들어진 것을, 겨울에는 부드러운 천 혹은 모직물로 만들어진 것을 입었다. 보통 양가죽, 토끼나 청설모, 스라소니 등의 털과 가죽을 사용하기도 했는데 이처럼 페라제에 사용되는 옷감의 종류와 질에 따라 경제적, 사회적 환경을 파악할 수 있었다. 페라제는 여성용과 남성용이 있으며, 현대에도 터키에서는 (선택에 따라) 페라제를 착용하고 있다. 이와 함께 유대인 여성은 마크라마(makrama)로 불리는 숄을 착용했다.

18세기 이후에 이르면 무슬림, 기독교인, 유대교인의 여성 복식 차이는 많은 부분에서 사라졌으나, 머리쓰개는 큰 차이를 보였다. 특히 테살로니키의 유대인 여성 복식은 다른 아나톨리아 유대인의 복식과 구별되는 독특한 형태로 나타났다. 이는 로마니오트 유대인의 그리스식, 스파라딤의 스페인식 복식문화가 오스만제국 복식문화와 결합되어 나타났기 때문이다. 특히 여러 부분을 이어 안쪽에는 솜으로 누벼 만든 코프야(kofya)가 특징적이다. 또한 머리 가운데 레이스 혹은 얇은 망사를 두른 모자를 착용했다. 모자에는 턱 아래에서 둘러 머리 위쪽으로 묶을 수 있도록 끝이 달려 있었다. 코프야는 15세기 스페인에서 사용된 머리쓰개(Cofia)의 변형으로 볼 수 있다. 이즈미르 지역에서 유대인 여성은 타카도(takado)로 불리는 머리 장식이 눈에 띄며, 이즈미르 유대인 여성은 머리카락을 완전히 덮는 스카프 위에 작은 모자를 썼다. 기혼자는 타카도에 바늘을 꽂고 사별할 경우 바늘을 뽑는다.

오스만제국 유대인 여성에게 보석 장신구는 특히 장식적인 이유에서뿐만 아니라 여성 가족의 부와 사회적 지위를 나타내기 위한 것이었다. 유대인 여성은 출산, 약혼, 결혼과 함께 보석을 선물로 받았다. 지극히 긴급할 때를 제외하고 수중의 보석 장신구를 처분하지 않았으며 여성이 미래를 대비할 수 있는 일종의 경제권 보장을 위한 중요한 수단 가운데 하나였다. 그러나 수세기에 걸쳐 랍비는 옷차림과 보석 장신구의 과시적 성향을 금지하는 규정을 내세웠다. 이는 새로운 터전에서 단결해야 할 유대인 밀레트 내에서 경제적 환경을 이유로 유대인 간 벌어질 수 있는 갈등을 막기 위함이었다. 일례로 1554년 테살로니키 랍비는 '보석이 박히지 않은 일반 반지를 제외하고 보석 장신구는 집안에서만 착용할 수 있다'라는 규정을 발표한 바 있다. 19세기 이전까지 오스만제국의 유대인 여성은 긴 체인 혹은 진주 목걸이, 꽃장식 모자, 브로치 등을 착용했는데 이는 스페인과 유럽 복식의 영향을 받은 것을 알 수 있다.

그 외 오스만제국의 유대인 복식에서 벨트는 부와 번영의 상징으로 금사, 은사로 만들어지거나 보석으로 장식되기도 했다. 유대인 여성의 벨트와 벨트 장식을 위한 버클 제작 기술은 오스만제국 내에서 매우 인기를 끌기도 했다. 오스만제국의 유대인 여성은 대부분 비슷한 형태의 의복을 착용했으나, 경제적 환경에 따라 천의 질, 장신구 등에서 차이가 났으며, 복식에 따라 결혼 유무도 알 수 있었다. 이후 19세기 말에 이르면 오스만제국의 서구화 및 개혁에 따라 유럽식 복식이 도입되었고 유대인 집단에도 영향을 미쳤다.

그림 3. 가정 내에서의 유대인 여성, 유대인 여성들은 제국의 제한과 더불어 타민족의 부러움, 시기 등을 받지 않도록 가정 내에서만 화려한 옷을 입었다. Lachaise(1821년), 『Femme juive dans la maison』 오스만제국의 복식 파리, Rubens, Alfred(1973). 『History of Jewish Costume』 p.39 출처 : 파리 유대인 예술 및 역사 박물관 https://www.mahj.org/fr/decouvrir-collections-betsalel/femme-juive-dans-la-maison-54830.

그림 4. 18세기 유대인여성, 작자미상(1778-1882), Onfroy, Eugène(편집), Recueil des différents costumes des principaux officiers et magistrats de la Porte et des peuples sujets de l'empire ottoman, 출처 : 프랑스국립도서관의 디지털 도서관 Gallica https://gallica.bnf.fr/ark:/12148/btv1b105073085/f143.item

그림 5. 16세기 오스만 제국 술래이만 1
세 궁중 의사 유대인 모세 아몬 초상화,
NICOLAY, Nicolas de(1568), 파리 출처
: 파리 유대인 예술 및 역사 박물관 https:
//www.mahj.org/fr/decouvrir-collecti
ons-betsalel/medecin-juif-65550

그림 6. 16세기 유대인 상인, NICOLAY,
Nicolas de(1568), 파리 출처 : 파리 유
대인 예술 및 역사 박물관, https://www.
mahj.org/fr/decouvrir-collections-be
tsalel/marchant-juif-65561

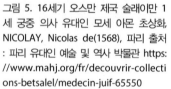

4. 문화 쇄국주의가 가져온 오스만제국의 쇠퇴

비단 유대인 집단을 포용하는 정책과 그 결과로 오스만제국이
황금기를 이룰 수 있었다는 것은 단연코 과정이라고 할 수 있다.
오스만제국의 황금기는 콘스탄티노플을 함락함으로써 얻었던 경
제, 사회문화적 이점의 확보와 지중해 지배권을 획득했다는 점,
데브시르메 제도와 예니체리를 통한 강력한 중앙집권화를 이뤘다
는 점 그리고 활발한 영토 확장을 통해 다양한 민족을 밀레트 제

도를 통해 흡수하면서 사회 다양성을 확보했다는 점 등 종합적이고 총체적인 측면에서 판단할 수 있다. 이런 점이 오스만제국과 외부 문명 간 물질적, 정신적 교류를 가능하게 함으로써 사회 전반에 활력을 가져왔다고 평가할 수 있다.

15세기 이후 오스만제국과 유대인 집단 간 문명 접변의 과정과 결과에서 보여주듯 상호 이해와 균형의 다문화 포용 정책은 제국의 황금기를 누릴 수 있는 요소 중 하나가 되었다. 특히 오스만제국에서는 콘스탄티노플 재건과 상공업·무역 증진을 통해 경제를 활성화하고자 스페인과 포르투갈, 이탈리아, 시칠리아 유대인의 이주를 정책적으로 장려하였다. 유대인으로서는 그들의 거주지 확보와 안전보장을 위해 필연적으로 유일하게 그들에게 문을 열어준 오스만제국을 선택할 수밖에 없었다. 특히 오스만제국은 다문화 포용으로 관용 정책을 넘어 피정복지의 전통과 언어, 의복을 수용하였으며 이는 기문화를 인정하고 이를 적극적으로 사회문화 발전에 이용한다는 실용주의적 노선이라고 평가할 수 있다.

따라서 오스만제국과 유대인 간의 교류는 지중해 문명교류 유형 중 시칠리아 접변 관계 유형의 상호 이해에 속한다고 볼 수 있다. 시칠리아 문명교류 유형이 노르마와 호펜스타우펜 황가 간 지배시기 접변의 관계 유형이 상호 이해였다면, 이후 앙주가문과 아라곤 지배의 시칠리아는 탄압, 갈등, 폭정, 충돌의 현장으로 바뀌면서 문명의 유동성이 현저히 줄어들었고 편해의 유형으로 변했다.

이와 비슷하게 18세기 이후 국내외적 변화와 함께 오스만제국은 다문화 포용의 유동성 있고 탄력적인 밀레트 운용 정책을 점차 멀리하는데, 특히 비투르크, 비무슬림인 소수 밀레트에 대한 관용정책을 철회하고 차별적이며 제한적인 정책을 시행한다. 또한 데브시르메 계층의 권력 독점에 따른 부정부패와 연이은 전쟁 패배로 경제에 큰 타격을 입게 된다. 오스만제국의 몰락에 따라 중앙집권화가 무너지며 각 밀레트에 대한 통제력을 상실한다.

이러한 변화와 함께 오스만제국은 18세기 이후 점점 쇠퇴하게 되는데, 이는 다문화 요소를 정치, 경제, 사회문화 발전에 유용하게 전략적으로 이용하던 이전 시기를 벗어나 사회 불확실성을 높이는 쪽으로 다루었기 때문이다. 유대인 집단이 오스만제국 경제에 많이 기여하면서 제국의 황금기와 그들의 전성기를 함께 누렸던 18세기 이후에는 오스만제국의 차별적 정책과 사회 퇴보의 행보를 목격하면서 오스만제국 영토를 떠나게 된다.

즉, 오스만제국과 유대인 간 문명교류는 상리, 상호이해의 관계유형에서 균형의 관계 유형으로 진보하지 못하고, 결국 이전 혹은 이후 시기의 시칠리아 문명교류 '편해의 관계 유형'으로 변화하였다. 따라서 18세기 이후 오스만제국은 다문화성을 바탕으로 국가발전을 도모하지 못하고 외부 문명 수용을 철회함으로써 이전 시기의 영광을 지속하지 못한 채 역사 속으로 사라졌다.

참고문헌

강대훈. 2015. "제2성전기 유대교의 메시아사상". 『신약연구』 제14권 3호.

고지현. 2019. "발터 벤야민의 유대 메시아주의". 『철학논집』 제59집. pp. 9-37.

김정하. 2020. "고·중세 시칠리아 '편해(遍害)공존'의 교류유형 연구". 『역사연구』 101권. 고려대학교 역사연구소. pp. 95-136.

김정하, 황의갑. "시칠리아 복수 문명권 사회의 '대칭적' 정체성에 대한 연구". 『서양중세사 연구』 제31권. pp. 1-31.

김필영. 2015. "15세기 에스파냐와 오스만의 다문화 정책". 『다문화와 인간』 제4권 2호. pp. 55-88.

도널드 쿼터트. 2020. 이은정 역. 『오스만 제국사』. 서월 : 사계절.

살레 H. 알아이드. 2006. 최영길 역. 『이슬람 국가에서의 비무슬림의 권리』. 서울 : 도서출판 알림.

서동수. 2012. "유대교의 두 메시아사상과 신약성서". 『신약논단』 제19권 4호. 한국신약학회. pp. 1,209-1,243.

심호성. 2008. "오스만제국 조세제도의 변화와 아르메니아인 공동체; 사라프-아미라 계층의 역할을 중심으로". 『서울대 동양사학과 논집』 제 32집. 서울대학교 동양사학과. pp. 105-125.

이기찬. 2008. "이사야서에 나타난 메시아사상에 관한 연구". 칼빈대학교 신학대학원.

이은정. 2008. 『오스만제국 시대의 무슬림-기독교인 관계』. 민음사.

이은정. 2013. "다종교다민족다문화적인 오스만제국의 통치 전략". 『역사학보』 제217권. pp. 155-184.

이재학. 2008. "다인종다문화 사회에서의 언어접촉과 변이". 『이베로아메리카』 제 10권 2호. pp. 239-267.

이희수. 2007. "이슬람 칼과 코란의 왜곡된 방정식". 『종교문화학보』 제 3권. pp. 55-77.

전홍석. 2010. "동서 '문화·문명'의 개념과 그 전개; 현대 문명 담론의 개념적 이해를 중심으로". 『동양철학연구』 제63집. 동양철학연구회. pp. 393-431.

조셉 텔루슈킨. 2010. 김무겸 역. 『승자의 율법 3500년 유대 문명이 전하는 번영과 성찰의 지혜』. 북스넛.

존 프릴리. 1996. *Istanbul : The Imperial City.* 민승남 역. 2007. 『이스탄불 : 유럽과 아시아를 품은 제국의 도시』. 민음사.

Idel Moshe, R. 2010. *Joseph Karo And His Revelations : Or The Apotheosis Of The Feminine In Safedian Kabbalah.* NYU School of Law.

Kursar, Vjeran. edited by Baramova, Mitev, Parvev and Racheve. 2013. *Non-Muslims Communal Divisions and Identities in the Early Modern Ottoman Balkans and the Millet System Theory.* "Power and Influence in South-Eastern Europe : 16th-19th century". Berlin : LIT.

Lamdan, Ruth. 2005. "Communal Regulations as a Source for Jewish Women's Lives in the Ottoman Empire". *The Muslim World.* Vol. 95. pp. 249-263.

Yavuz Cezar. 2005. *The role of the sarrafs in Ottoman finance and economy in the eighteenth and nineteenth centuries.* "Frontiers of Ottoman studies : state, province, and the West". Vol. I. (Library of Ottoman Studies 5). London : Tauris.

Adam, Baki. KATAR. Mehmet. 2005. *Dinler Tarihi.* Anadolu Üniv yay.

Ahmet Refik Altınay. 1987. *Hicri Onuncu Asırda İstanbul Hayatı, Haz. Abdullah Uysal.* Istanbul Devlet Matbaası yay.

Aktürk, Şener. 2013. *Türkiye'nin Kimlikleri.* Etkilemiş yay.

Besalel, Yusuf. 2004. *Osmanlı ve Türk Yahudileri.* Gözlem yay.

Çakırbas, Ali. 2020. *TBMM'de gayrimüslim milletvekilleri (1923-1964).* Hipere yay.

Eroglu, Ahmet Hikmet. 2000. *Osmanlı Devleti'de Yahudiler.* Ankara : Alperen yay.

Galanti, Avram. 1928. *Türkler ve Yahudiler.* İstanbul : Kağıtçılık ve Matbaacılık A.Ş.

Grosman, Mose. 1992. *Osmanlı'dan Cumhuriyete Geçiste Türk Yahudilerinden Görünümler.* As Matbaacılık.

Kaygısız, Hüseyin. 2014. *Filistin'e Yapıan Yahudi Göçeri (1881-1917).* Kilis 7 Aralık Üniversitesi Sosyal Bilimler Enstitüsü.

Kılıç, Musa. 2011. "Osmanlı Diplomasisi Hizmetinde Yahudiler". *Türk Sosyal Ve Siyasi Hayatında Yahudiler IQ Kültür Sanat Yayıncılık.* 1. Baskı, Istanbul. s.s. 93-94.

Küçük, Abdurrahman. 1992. *Dönmeler Tarihi.* 2. Baskı, Ankara : Rehber Yayınları.

Mantran, Robert. 1990. *17. Yüzyılın İkinci Yarısında İstanbul.* Çev. Mehmet Ali Kılıçbay- Enver Özcan. Ankara : Türk Tarih Kurumu yay.

Molho, Rena. edited by Pinelopi Stathis. 2003. *Tanzimat Öncesi ve Sonrasında İstanbul Yahudileri.* "19. Yüzyıl İstanbul'unda Gayri Müslimler". Tarih Vakfı Yurt yay.

Nora Şeni et Sophie Le Tarnec. 2010. *CAMONDOLAR Bir hanedanın çöküşü.* IFEA/Kitap yayınevi.

Ocak, Refika. 2004. "Osmanlı Devleti'nin Son Döeminde Yahudiler". *Osman Gazi Üniversitesi Sosyal Bilimler Enstitüsü.* Yayımlanmamış Yüksek Lisans Tezi, Eskişehir.

Ovadya, Silvyo. 2001. *Osmanlı'da Yahudi Kıyafetleri.* Çev. Azize. Ethem Gözlem Gazetecilik.

Sharon, Moshe-Sevilla. 1982. *Türkiye Yahudileri.* Yahudi Kültürü Türkçe Yayınlar Serisi.

Sönmezer, Mahmut Haldun. 2004. "Modernlesme Sürecinde stanbul YahudilerininHayatındaSinagog ve Dini Baglılık". *MÜ Sosyal Bilimler Enstitüsü.* İstanbul.

Ünal, Neslihan. 2017. "Osmanli İmparatorluğu'Nda Yahudİ Kadinlari". *Tarih Okulu Dergisi.* Yıl 10, Sayı 29. ss. 153-179.

Yeşildal, Mustafa. 2006. *Balat'taki Yahudi Kurumlaru Tarihsel Gelişm Süeci.* Marmara Üniversitesi Sosyal Bilimler Enstitüsü. Yayımlanmamış Yüksek Lisans Tezi, İstanbul.

인터넷 사이트

https://egazete.cumhuriyet.com.tr/(검색일자 : 2021.11.27)

https://en.wikipedia.org/(검색일자 : 2021.11.27)

https://gallica.bnf.fr/(검색일자 : 2021.11.27)

https://islamansiklopedisi.org.tr(검색일자 : 2021.11.27)

https://italicsmag.com(검색일자 : 2021.11.27)

https://jewishencyclopedia.com/(검색일자 : 2021.11.27)

https://worldpopulationreview.com/(검색일자 : 2021.11.27)

https://www.britannica.com/(검색일자 : 2021.11.27)

https://www.jewishvirtuallibrary.org/(검색일자 : 2021.11.27)

https://www.oxfordbibliographies.com/(검색일자 : 2021.11.27)

https://www.salom.com.tr/(검색일자 : 2021.11.27)

https://www.mahj.org/(검색일자 : 2021.11.27)

Chapter 3

디지털 맵으로 보는 문명교류와 지역학

(Civilizational Exchanges and Regional Studies on a Digital Map)

디지털 맵으로 보는 문명교류와 지역학*
(Civilizational Exchanges and Regional Studies on a Digital Map)

강지훈(부산외대 지중해지역원)

I. 학제 간 융합연구

'융합'으로 대변되는 4차 산업혁명은 학문 분야에서도 예외가 아니다. 특히 다양한 학문분야에 정보통신기술(Information Communication Technology, ICT)을 접목한 '학문형ICT융합' 연구는 학술활동의 매커니즘을 변화시키고 있다. 최근 인문학, 사회과학분야 연구자들을 대상으로 데이터 셀프 분석(Self Analysis)을 가능하게 하는 소프트웨어에 대한 교육이나 특강이 증가하는 현상 또한 이를 대변한다. 그러나 소프트웨어나 프로그래밍 언어를 활용해 정보를 가공하여 원하는 결과물을 도출하는 것은 IT전공자에게도 결코 쉬운 일이 아니다. 하물며 IT비(非)전공자이거나 디지털 기술이 익숙하지 않은 연구자들에게 기술습득이나 응용에는 그 한계가 분명하다. 그렇다면

---

* 본 글은 「디지털 지도를 활용한 ICT융합 연구방법 -지중해 문명교류의 르네상스 형성 과정을 중심으로-」, (강지훈, 김정하) 와 「디지털 지도 기반의 지역학에 관한 연구 : 기니 만의 안보정세 분석을 중심으로」, (강지훈, 임기대) 논문을 재구성 한 것임을 일러둔다.

대안은 무엇인가?

셀프 분석에 대한 현실적인 문제는 학제간 융합연구로 일정 부분 해소할 수 있다. 학제간 융합연구(Interdisciplinary Studies)는 학문 간의 경계를 넘나드는 협업 연구를 통해 새로운 연구 방향이나 방법, 정보나 지식을 창출하고자 하는 시도이다. 최근에는 비(非)자연과학 분야의 학문을 연구하는 연구방법론으로 이공 분야의 기술1)을 활용하고자 하는 시도가 활발하다. 학제간 융합연구는 이질적인 학문간 융합이며 두 개 이상의 학문분과 전문가들이 하나의 공동목표를 향해 각자의 전공분야를 기반으로 협업해야 하며 또한 이를 통한 시너지를 창출해야 한다.

성공적인 학제간 연구의 핵심은 학문간 융합될 수 있는 지점이나 접점 즉, '융합점(Convergence Point)'을 찾는 것이다. 지난 학제간 융합연구는 단순 공동연구의 성격이 강했으며 그 문제점과 한계가 분명하다. 이질적인 분야의 연구자 간 공동연구가 화학적 결합이 될 수 없었던 이유는 학문간 융합될 수 있는 접점 즉, '융합점'을 도출하는 것에 대한 연구자 간 교류와 활성화와 융합연구를 올바르게 수행하기 위한 방법론에 관한 연구가 부족했기 때문이다.

본 글에서 소개하는 '학문형ICT융합' 연구는 비(非) 자연과학 분과의 학문, 예를 들어 인문학이나 지역학 등의 연구에 디지털 기반 정보기술을 효과적으로 적용시키기 위한 이른바 '융합점'을 찾고자 하는 노력이다. 이 연구는 학술분야에서 학제간 융합연구 분야의 균형있는 발전을 위해 필수적으로 선행되어야 한다.

---

1) 여기서 기술이란 정보기술 즉, 소프트웨어나 프로그래밍 언어, 시각화 기술 등 디지털 공간에서 처리되는 응용프로그램 및 기술을 의미한다.

1.1 '학문형 ICT융합'

'학문형 ICT융합'은 학술 연구나 교육 등 학문 분야에 디지털 기술을 접목하고자 하는 시도이다. '디지털 인문학', '인문정보학', '지역정보학', '디지털 지역학' 등 세부 연구 분야의 파생도 학술 분야에 디지털 기술을 적용하여 연구 효율성을 증대시키거나 수행된 연구의 결과를 사회에 효과적으로 공유하고 확산하고자 하는 대표적인 시도들로 해석될 수 있다.

'디지털 인문학'은 '학문형ICT융합' 연구의 대표적인 사례이다. '디지털 인문학' 연구자들은 대부분 본래 전공이 인문학이면서 컴퓨터 또는 디지털 환경과 정보기술, 프로그래밍 언어 및 각종 소프트웨어 활용에 대한 이해도가 높다. 매우 이상적인 형태이나 이처럼 이상적인 형태의 연구가 가능한 연구자는 전체 인문학자들 가운데 극소수일 것으로 예상된다. 디지털 인문학은 기본적으로 인문학 전공자들을 대상으로 한다[2]. 인문학 지식을 정보기술을 통해 새로운 차원의 가치로 가공하여 공유와 확산 그리고 새로운 연구의 가능성으로 활용하는데 그 목적이 있다. 아울러 인문학자들에게 정보기술과 소프트웨어의 활용에 대한 중요성을 강조한다. 이러한 현상으로 인해 최근에는 인문정보나 지식을 가공하는데 효과적인 정보기술이나 소프트웨어 활용과 관련한 다양한 교육 프로그램들이 생겨나고 있다.

'디지털 인문학' 연구에서는 인문데이터(지식, 정보)를 보유하고 있는 주체가 해당 정보를 가장 올바르게 가공하거나 전달하고 표

---

[2] 절대적인 것은 아니나 디지털 인문학은 대체적으로 인문학적 지식을 요구하며 이러한 인문학적 지식을 디지털 기술을 통해 가공하고 표현하는 것이므로 주로 인문학 전공자를 대상으로 한다.

현할 수 있다. 만약 인문데이터를 정보화하는 과정에서 타인의 도움을 받아야 한다면 이 과정에서 의미의 전달이나 표현하고자 하는 지식, 정보는 본래의 의도에서 벗어날 수 있다. 즉 셀프 분석이 가장 이상적이라는 의미이다. 차세대 연구자들의 대부분은 '학문형 ICT융합' 기반의 연구 매커니즘에 익숙해져 있을 것이다. 어떤 학문 분과를 전공하든 간에 차세대 연구자들은 기본적으로 디지털 환경에 익숙하다. 이들을 혹자는 디지털 원주민(Digital Native)라고도 칭한다. 즉, 어린 시절부터 자연스럽게 디지털 환경에 노출되어있어 별도의 학습이 없더라도 정보기술이나 소프트웨어 활용에 대한 이해도가 높을 것이다. 이는 자신이 보유한 데이터를 디지털 기술을 통해 가공하여 정보로 활용하고 나아가 지식, 지혜로 발전시킬 수 있다는 것이다. 이는 단순 데이터들로부터 셀프 분석을 통해 유의미한 정보를 생산할 수 있을 것이라는 의미이다.

안타깝게도 앞서 기술한 이상적인 셀프 분석은 차세대 연구자를 전제하고 있다[3]. 문제는 현재이다. 앞서 언급했듯이 현재 대학, 연구소 등 다양한 현장에서 연구를 수행하는 인문학, 사회과학 분야 등 많은 연구자들이 셀프 분석에 대한 필요성을 체감하고 있다. 그러나 결론은 "쉽지 않다" 또는 "어렵다" 이다.

학제간 융합연구가 그 대안이 될 수 있으나 이 또한 쉽지는 않다. 전혀 다른 둘 이상의 분야 학문간 융합연구를 한다는 것, 즉 각자 짧게는 수 년, 길게는 수십 년 동안 연구해오던 분야와 전혀 다른 분야에 대해 하나의 공동목표를 위해 협업하는 것은 어려운 일이다. 사실 어렵다라기 보다는 아직 준비가 되지 않았다는 표현

---

3) 현재도 인문/지역 자료를 직접 가공하여 분석하는 연구자가 있으나 소수라고 판단하였다.

이 더 적절하겠다. 국내에서 디지털 인문학이나 인문정보학, 지역 정보학과 같은 '학문형ICT융합'에 대한 연구가 주목받은 시점은 짧게는 수년 전부터이다. 즉 디지털 기술 기반으로 인문학 연구가 충분히 수행되기에 물리적 시간이 부족했다. 이것이 현재 '학문형 ICT융합' 분야의 전문가가 많지 않고 이에 대한 실천적인 연구 사례가 다른 연구에 비해 다소 부족한 이유일 것이다.

앞서 언급했듯이 셀프 분석의 현실적 문제점들은 ICT전공자와 인문학/지역학 등 연구자들의 협업으로 일부 해결될 수 있다. 여기서 효과적인 '학문형ICT융합' 연구 즉, 협업을 위해서는 협업 절차를 구조적이고 체계적으로 설계할 필요가 있다. 관련하여 (노영희 · 이광희 · 정대근2018)은 융합연구의 성과를 위해 인력구성이나 개인 특성, 전문분야별 역할 등의 체계적인 구성이 필요하다고 주장하였다.

융합연구에서 연구자 간의 협력체계를 구축하는 과정은 중요한 단계이다. 융합연구는 서로 다른 학문적 배경과 기술이 결합할 때, 새로운 지식이 만들어지고 전파된다(송인한 · 김혜진 2019). 이처럼 학제간 융합연구는 이질적인 학문간 융합이며 두 개 이상의 학문분과가 하나의 공동 목표를 향해 시너지를 창출해야 한다. 이를 위해서는 해당 학문 간 융합의 지점이나 접점 즉, '융합점'을 찾는 것이 핵심이다.

학제간 융합연구에 대한 필요성과 중요성에 대한 강조에도 불구하고, 실제 융합연구가 어떻게 진행되는가에 대한 연구는 거의 이루어지지 않았다(김수한 · 박동준 · 조준철 외 1명 2017). 기존의 학제간 융합연구는 사실 단순 공동연구의 성격이 강했다. 이는 학제 간 융합연구의 방법론에 관한 연구 즉 '융합점'을 도출하는 것에 대한 연구가 전무했기 때문이다. 이는 기존의 '학문형ICT융합' 연구 방법이 가지는 한계와 문제점을 더욱 분명히 나타낸다.

본 글에서는 학문분야에서 정보기술을 활용한 인문/지역학 분야의 연구방법의 제시를 위해 학제간 융합 기반의 '학문형ICT융합' 연구방법을 제시한다. 또한 제시된 연구방법에 대한 검증을 위해 두 가지 사례 연구를 수행하였으며 내용은 아래 [표 1] 과 같다.

[표 1] '학문형ICT융합' 사례 연구

내용	도구	방법
사례 1. 지중해 문명교류의 르네상스 형성 과정 분석	디지털 지도	학제간 연구
사례 2. 기니만의 구조적 문제와 안보 정세 분석		

사례 1에서는 중세 이탈리아 반도와 시칠리아 지역을 중심으로 르네상스가 발현하게 된 과정(지역학)을 디지털 지도(정보기술)를 통해 해석해본다. 사례 2에서는 아프리카 기니 만 지역의 해적, 테러집단, 종교분포, 종족 분포 등의 정보에 대한 디지털 지도화를 통해 기니 만 지역의 안보 정세를 분석하였다. 연구 방법으로는 공학 전공자, 지역학 전공자, 역사학 전공자로 구성된 학제간 연구이며 사례연구를 위한 도구(소프트웨어)로는 디지털 지도를 사용하였는데 디지털 지도를 사용한 이유에 대해서는 다음 절에서 보다 자세히 언급한다.

1.2. 지역학과 디지털 지도

학제 간 융합에서 ICT융합은 다양한 분야의 학문 연구에 정보
기술을 적용하여 연구의 효율성을 높이거나 연구된 내용을 시각화
등의 기술을 통해 효과적으로 표현하는 방법으로 활용되고 있다.
디지털지도는 지역연구분야에 효과적인 정보기술이며 그 중에서도
'전자문화지도'는 인문/지역연구를 위한 연구방법, 성과확산에 적용
가능한 대표적인 정보화 도구이다(강지훈·문상호 2014).

같은 정보라도 텍스트를 통해 정보를 전달하는 것과 시각화 자
료를 매개로 정보를 전달하는 것에는 큰 차이가 있다. 단적인 예
로 아래 [그림 1]은 전 세계의 지중해 지역 연구를 수행하는 연구
기관들의 분포를 디지털지도에 시각화 한 자료이다. 포인트의 분
포 위치를 보면 대다수의 연구소가 해안가 즉, 해양 도시로 알려
진 곳에 위치하고 있는 것을 확인할 수 있다. 이는 문서 형태로
목록화된 텍스트를 통해서는 인지하는 것이 매우 어렵다. 그러나
지도 위에서는 매우 직관적으로 정보를 습득하고 이해할 수 있다.

[그림 1]을 통해 첫 번째, 지중해 지역을 연구하는 기관이 주로
해양도시에 위치하고 있다는 사실을 확인할 수 있는데 이런 형태
의 정보나 지식의 발견을 인사이트(Insight)[4]라고 한다. 객관적 데
이터와 이에 대한 분석을 통한 의미있는 정보의 생산은 새로운
지식 발견의 원천이 된다. 예를 들어 지중해지역을 연구하는 기관
들이 해양도시에 주로 위치하고 있는 것에 대한 의문을 통해 원
인을 분석할 수 있고 기존에는 몰랐던 새로운 정보를 생산할 수

---

4) 인사이트(Insight)는 정보가 숨겨져 있어서 미처 파악하지 못한 사실이나, 이미 알고있는 사실보
　다 좀 더 나은 통찰력을 얻을 수 있도록 정보를 표현하는 것이다. (R을 활용한 데이터 시각화,
　유충현, 홍성화, 인사이트출판)

있다. 의미있는 정보는 다양한 경험을 통해 지식이 되기 때문에 결국 이러한 인사이트의 발견은 다양한 지식을 파생시키는 원천이 된다.

[그림 1] 세계 지중해 연구기관 분포도

공간정보기술의 활용은 앞으로 지역학 연구의 총체적 접근을 위해서뿐만 아니라 연구 성과의 저변확대와 융·복합 연구의 활성화 등 새로운 역할을 담당할 것으로 기대된다(박진한·남상욱·이호상 2016). 이처럼 지역학 분야에서는 특정지역을 대상으로 수집된 데이터 분석을 위해 디지털 지도를 활용한 필요성이 꾸준히 제기되고 있다. 그 이유는 크게 두 가지로 구분할 수 있다.

첫째, 지역학 연구의 토대는 지리 및 지역 정보이고 지도는 이러한 지리정보를 함축적이고 시각적으로 표현하는데 가장 적합한 인터페이스이다. 지도는 특정 지역에 대한 데이터나 정보 즉, 특정 지역에 대한 연구내용이나 연구결과물을 표현함에 있어 공간

정보에 대한 별도의 지식5)을 필요로 하지 않으므로 효과적으로
특정 지역과 관련된 내용을 표현하거나 전달할 수 있다.

둘째, 수집된 데이터 및 정보의 가공을 통해 디지털 지도 위에
표현된 데이터는 디지털 지도가 가지는 특성에 따라 다양한 형태
로 표현할 수 있고 이는 지역 연구를 위한 새로운 형태의 자료로
활용될 수 있다. 디지털 지도는 기본적으로 지도 위에 점, 선, 면
의 세 가지 형태의 기호를 통해 정보를 표현한다. [표 2]는 디지
털 지도 활용 사례로 정보의 유형에 따라 점, 선, 면을 적절히 사
용한 예시이다.

관련하여 전자문화지도는 주제, 시간, 공간이라는 세 개의 축을
활용해 세 가지 값이 연계된 정보를 전자지도 위에 점, 선, 면,
기호, 이미지, 멀티미디어 등을 활용해 표현된다. 사용자는 특정
주제에 관한 정보를 지역 정보, 시간 정보와 연계하여 해당 주제
를 통합적으로 이해할 수 있다(강지훈, 이동열, 문상호 2015).

  Mediterranean Books   인류학논문 전자문화지도   십자군 전자문화지도

[표 2] 디지털 지도 활용 예

대부분의 공간정보시스템이나 지도관련 소프트웨어에서는 지도

---

5) 예를 들면 해당 위치에 대한 좌표 값이나 축적 등에 대한 정보에 해당된다.

를 지층 형태로 중첩하여 표시하는 '레이어' 기능을 제공하는데, 다양한 주제를 가진 다중 레이어의 조합을 통해 기존에는 알지 못했던 새로운 규칙이나 패턴 등을 발견하고 새로운 정보나 지식을 찾아낼 수 있다(이동열·강지훈·최춘식·문상호 2015). 또한 기존에 알고 있던 정보를 보다 객관적으로 확인하고 검증할 수 있다. 지도는 시각화 유형에 따라 아래와 같이 분류할 수 있다. [표 3]은 지도 기반 시각화 방안의 대표적인 유형들이다.

[표 3] 지도 기반 시각화 유형

유형	내용
Point Map	객체의 특정 위치 또는 지점
Line Map	객체의 범위 또는 경로
Polygon Map	객체의 범위
Regional Map	객체의 범위 또는 영역, 영토 (지역 간 경계 정보 등)
Heat Map	특정 지역의 정보 분포

지도 위에 표현하려는 콘텐츠의 성격에 따라 적합한 시각화 유형을 적용함에 있어 표 3의 유형에서는 필요에 따라 하나의 지도 레이어에 복합적인 정보들을 중첩하여 적용하기도 한다. '전자문화지도'는 이러한 시각화 유형에 '시간' 정보를 추가하여 특정 시기에 특정 지역에서 발생한 문화양상을 포괄적으로 이해하는데 도움이 된다.

Ⅱ. '학문형ICT융합' 연구방법

본 장에서는 '학문형ICT융합' 연구방법에 대해 알아본다. 본 장에서 제시하는 '학문형ICT융합' 연구방법은 공학 전공자와 역사학 전공자 간의 협업 사례에 기반 한 것임을 일러둔다. [표 4]는 본 글에서 제시하는 '학문형ICT융합' 연구의 협업 절차를 요약한 것이다.

[표 4] '학문형ICT융합' 연구 수행 절차

도구 선정 단계 → 도구 숙지 단계 → 주제 선정 단계 → 콘텐츠 설계 단계 → UI설계 단계 → 구현 단계 → 검증 단계

1단계 '도구 선정 단계'는 데이터 및 정보를 디지털화 또는 정보화하는데 사용될 도구 즉, 소프트웨어 및 정보기술[6]을 선정하는 단계이다. 원시데이터나 정보의 유형(Type)은 그 형태가 매우 다양하다. 예를 들면 연구에 활용될 데이터가 엑셀파일을 통해 구조적으로 정리된 정량적이고 명시적인 데이터 일 수도 있고 또는 '교류'나 '문명'과 같이 다소 추상적일 수 도 있다. 또한 생산하고자 하는 결과물의 유형에 따라 데이터의 전처리나 가공 방식이 달라지기 때문에 데이터 구조, 최종 생성 결과물의 유형 등에 따라 적절한 도구가 활용되어야 한다. 예를 들어 데이터들 간의 연관성 분석을 위해서는 소셜 네트워크 분석 도구나   네트워크 시

---

6) Java등의 범용 프로그래밍 언어를 비롯해 온톨로지, DBMS, 전자문화지도, R, Gephi, 엑셀, Python등 '학문형ICT융합'연구에 활용 될 수 있는 정보기술의 개념 및 소프트웨어 등을 모두 포함한다.

각화가 가능한 소프트웨어가 적절할 것이며 경우에 따라 통계나 기계학습 등에 특화된 도구를 선정해야 할 것이다. 이처럼 '도구 선정 단계'는 데이터의 유형과 연구목적에 따라 원하는 내용을 효율적으로 전달할 수 있는 정보화 도구를 선정하는 과정이다.

2단계 '도구 숙지 단계'는 선정된 정보화 도구에 대한 개념 및 주요 기능을 숙지하는 단계로 그 대상은 학제간 연구에 참여하는 연구자 모두에게 해당된다. 이 단계는 '콘텐츠제공자(Contents Provider, CP)7)'가 보유한 인문데이터/지식/정보를 어떤 방식으로 정보화 도구를 통해 표현하게 될지를 '콘텐츠제공자 관점에서 직접 설계할 수 있도록 유도하는 단계이다. 이 절차는 '학문형ICT융합' 연구 절차에서는 가장 핵심적인 단계이다. 즉 융합점의 핵심으로 '콘텐츠제공자'가 정보화 도구의 핵심 기능을 이해하는 단계이며 이를 기반으로 '콘텐츠제공자'시점의 콘텐츠 설계 즉, 셀프 설계가 가능해진다. 이는 앞서 언급한 것처럼 소프트웨어나 프로그래밍을 직접 다루는 것이 아닌 선정된 정보화 도구에 대한 기능 특성을 파악하는 것이다.

3단계 '주제 선정 단계'는 '콘텐츠제공자'에 의해 대략적으로 구상된 정보를 정보화 도구를 활용해 실제 구현 또는 실체화하게 될 연구인력 즉, '정보화실현자(Informatization Realizer, IR)8)'와의 협의를 통해 디지털화 가능성 여부 등을 판단하고 최종적으로 정보화 될 대상을 선정하는 단계이다. 1단계와 3단계는 진행상황

---

7) 정보화될 콘텐츠를 제공하면서 IT를 비전공으로 하는 다양한 분야의 연구자들을 광범위한 범위에서의 명칭으로 지정하였다.

8) 정보를 가공하여 컴퓨터상에 실체화 즉 설계/구현하는 주체를 의미하며 정보화 도구 활용전문가 또는 프로그래밍 언어 기반의 개발자, 프로그래머 등의 개념도 포함한다.

등에 따라 병행이 가능하다.

4단계 '콘텐츠 설계 단계'는 앞선 1, 2, 3단계에 걸쳐 선정된 주제의 세부 콘텐츠를 설계하는 단계이다. 이 단계는 '콘텐츠제 공자'에 의해 수행된다. 앞선 '도구 숙지 단계'를 통해 정보화 도 구의 기능 특성을 숙지한 상태인 것을 전제로 했을 때 '콘텐츠제 공자'에 의한 셀프 콘텐츠 설계가 가능하다. 실제 구현은 '정보화 실현자' 즉, 타인에 의해 진행되지만 '콘텐츠제공자'에 의한 콘텐 츠 설계가 가능하다는 의미이다. 이는 학제 간 연구에서 매우 큰 의미를 가진다. 앞서 언급한 것처럼 데이터를 정보화(컴퓨터를 통한 가공, 전처리, 분석 등)하는 과정에서 타인의 도움을 받아야 한다면 의미나 정보 전달 과정에서 본래의 의도에서 벗어날 수 있을 가능성이 있기 때문이다. 이처럼 효과적인 셀프 콘텐츠 설계 를 위해서는 체계적이고 구조화된 양식이 필요하다. 4단계는 필요 시 5단계와 병행가능하다. [표 5]는 디지털 지도 활용 시 콘텐츠 설계 양식 예이다.

[표 5] 셀프 콘텐츠 설계 양식(디지털 지도 사례)

번호	레이어명	내용
1	레이어 1	레이어 1에 대한 설명
2	레이어 2	레이어 2에 대한 설명

5단계 '사용자 환경(User Interface, UI) 설계 단계'는 '콘텐츠 설계 단계'의 결과에 대한 세부 정보 표현 방식을 결정하는 단계, 즉 정보화 도구에 의해 표현될 레이아웃 또는 인터페이스와 같은 화면단위의 기능 및 내용을 설계하는 단계이다. 본 사례에서 디지

털 지도에는 점, 선, 면 등의 정보 표현 방식이 도입된다. 이 단계는 '콘텐츠제공자'에 의해 수행되며 효율적인 UI 설계를 위해 UI설계 도구를 사용한다. UI설계를 위한 도구로는 와이어프레임, 목업, 스토리보드, 프로토타입, 유스케이스 등이 있는데, 컴퓨터 소프트웨어의 활용이 익숙하지 않은 '콘텐츠제공자'는 와이어프레임(Wireframe)9) 또는 스토리보드(Story Board)10)방식의 UI설계 도구를 사용하는 것이 바람직하다. 와이어프레임이나 스토리보드를 위한 UI도구로는 파워포인트, 일러스트, 포토샵 등과 함께 손그림, 스케치 등도 있다. 이 단계에서 '콘텐츠제공자'는 앞서 선정된 정보화 도구를 이용해 표현하기 적합한 방식으로 셀프 UI설계할 수 있는데 이는 '도구 숙지 단계'의 선행으로 가능하다. 5단계는 필요시 4단계와 병행 가능하다.

6단계 '구현 단계'는 앞서 설계된 내용을 토대로 '정보화실현자'에 의해 진행된다. 여기서 구현이라 함은 일반적으로 프로그래밍 언어를 활용한 정보시스템의 구현을 포함해, 다양한 소프트웨어를 통해 가공된 데이터의 결과물을 의미한다.

7단계 '검증 단계'는 앞선 절차에 의해 생산된 결과물의 내용 타당성, 적합성 등을 검증하고 구현된 프로그램을 활용하는 단계 즉 목표했던 연구(분석 등)를 수행하는 단계이다. [그림 2]는 본 글에서 제안하는 '학문형ICT융합' 연구의 수행 절차, 내용, 참여를 순차적으로 도식화한 것이다.

---

9) 정보시스템 구축 시 페이지에 대한 개략적인 레이아웃, 인터페이스 UI 요소 등을 설계하는 단계이다.
10) 와이어프레임 콘텐츠의 세부 설명 또는 페이지의 이동 및 흐름 등에 대한 설명을 추가한 문서이다.

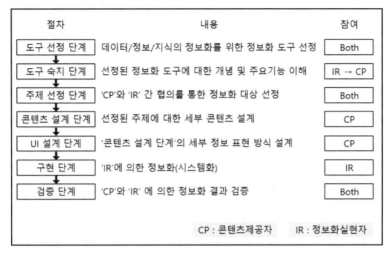

절차	내용	참여
도구 선정 단계	데이터/정보/지식의 정보화를 위한 정보화 도구 선정	Both
도구 숙지 단계	선정된 정보화 도구에 대한 개념 및 주요기능 이해	IR → CP
주제 선정 단계	'CP'와 'IR' 간 협의를 통한 정보화 대상 선정	Both
콘텐츠 설계 단계	선정된 주제에 대한 세부 콘텐츠 설계	CP
UI 설계 단계	'콘텐츠 설계 단계'의 세부 정보 표현 방식 설계	CP
구현 단계	'IR'에 의한 정보화(시스템화)	IR
검증 단계	'CP'와 'IR' 에 의한 정보화 결과 검증	Both

CP : 콘텐츠제공자   IR : 정보화실현자

[그림 2] '학문형ICT융합' 연구 수행 절차 별 내용 요약

Ⅲ. 디지털 맵 기반의 지역 연구

본 장에서는 앞서 제시한 학문형ICT융합' 연구 방법에 대한 검증 및 적용을 위해 수행한 2가지 사례연구([표 1]에서 제시)에 대해 소개한다.

3.1. 디지털 맵으로 보는 이탈리아/시칠리아의 르네상스

르네상스는 문명교류의 관점, 즉 11세기 이후 ─우리가 역사연구 차원에서 관습적으로 개별적인 사안들로만 이해하고 있는─개별적인 사건들의 단합(單合)보다는 이들이 연속성 차원에서 자연스럽게 연출한 유라시아-아프리카 지역문명 간 교류의 결실로 이해하는 것이 바람직하다.

르네상스의 역사적 배경은 기원후 7세기 이슬람 문명의 성립으로 거슬러 올라갈 수 있다. 이후 두 상이한 정치, 종교 문명의 공존은 오늘날까지 지속되고 있다. 르네상스의 본질은 이러한 흐름의 논리 속에서 역사해석의 타당성, 즉 적어도 두 문명권 간 다양한 유형의 교류 공식, 논리로 접근하는 것이 바람직하다. 실제로 이슬람 문명의 성립과 발전의 과정은 지중해 혼종문명의 르네상스에 있어 지중해를 향한 다양한 문명 유입의 필터나 다름없었다 (김정하 2014).

르네상스 연구에 있어, 유라시아-아프리카 차원의 방대한 문명 교류 흐름이 지중해, 특히 이탈리아반도와 시칠리아에 대한 지향성을 보이는 이유는 무엇일까? 이에 대한 합리적인 해석을 모색하기 위해서는 적어도 11~13세기의 십자군부터 비잔틴 제국의 몰락과 그라나다의 함락까지, 유럽-지중해 문명의 지적 혁명에서 인쇄술의 발명까지, 중세 지중해의 경제교역에서 지리상의 발견에 이르는 일련의 사건과 흐름을 문명교류의 관점에서 새롭게 바라보는 노력이 필요하다.

1) 도구 선정 단계 – 지역학 연구 및 연구자료 확산을 목적으로 개인이 축적한 비정형 데이터 및 정보들에 대한 지리기반의 분석을 수행한다. 르네상스 여정의 지정학적이고 인문학적인 배경에는 지중해 지역 문명 간 다양한 유형의 문명교류가 존재했다. 특정 지역 또는 영역의 문화, 문명, 사건이나 교류를 위한 이동 및 경로 등, 지리 기반의 디지털 콘

텐츠화를 위해 정보화 도구로 디지털 지도를 활용한다.

2) 도구 숙지 단계 – '정보화실현자'는 디지털 지도의 개념 및 주 기능을 '콘텐츠제공자'가 이해 및 숙지할 수 있도록 유도 및 지원하였다.

3) 주제 선정 단계 – '콘텐츠제공자'는 르네상스가 이탈리아와 시칠리아를 중심으로 형성되는 과정을 '문명교류'의 관점에서 재해석하고자 시도하였고 이를 검증하려는 과정에서 관련 지역에 대한 문화적 특징, 요소 및 관련 지리정보를 수집하였다. '정보화실현자'는 해당 내용에 대한 디지털 지도화의 적정성 여부를 판단하였고 수집된 정보를 디지털 지도로 시각화함으로써 관련 정보를 보다 직관적이고 통합적으로 표현하고 전달할 수 있을 것으로 판단하였다.

4) 콘텐츠 설계 단계 – '콘텐츠제공자'는 [표 6]과 같이 디지털 지도에 표시될 레이어를 셀프 설계하였는데 앞서 언급했듯이 이는 '도구 숙지 단계'의 이행과정을 통해 가능하다.

[표 6] 콘텐츠 설계

번호	레이어명	내용
1	중세 문명 교류의 십자군	십자군이 유럽기독교 문명권과 이슬람 문명권 간 문명교류에 미친 영향
2	중세 지중해의 경제 교류	중세 유럽기독교 문명권과 북아프리카, 중동 이슬람 문명권 간 경제 교류 및 교역의 흐름
3	중세 지중해 문명교류의 지적 흐름	중세 이슬람, 유럽 등 지중해 지역의 지식 간 교류 양상 및 이동, 전파
4	비잔틴 제국의 몰락	비잔틴 제국의 몰락과 지중해 세계의 변화
5	지중해 문명의 탈 중세	유럽기독교 문명의 근대화
6	인쇄술과 종이	인쇄술과 종이 그리고 지중해 지적 전통의 변화
7	지리상의 발견	지리상의 발견과 지중해 문명교류의 변화
8	탈(脫)지중해 문명교류의 패러다임	탈 지중해 시대를 향한 움직임 : 대항해와 대서양-인도양 시대의 개막
9	지중해 문명의 세속화 여정	종교와 세속의 공존을 의미하는 지중해 문명 세속화와 그 흐름

5) UI 설계 단계 - '콘텐츠제공자'는 9개 레이어에 대한 UI를 설계하였다. 본 사례에서는 와이어프레임 방식으로 UI 설계 단계를 진행하였다. [표 7]은 이들 중 2개의 레이어에 대한 설계 사례이다. 세부적으로 디지털 지도에 표현될 객체들(점, 선, 면)에 대한 대략적인 레이아웃 등을 '콘텐츠제공자'에 의한 손그림 및 스케치 방식으로 설계하였다. 또한 스토리보드 방식을 추가하여 객체들에 대한 설명, 객체의 흐름 등을 명시하였다. [표 8]은 세부 콘텐츠 설계를 위한 구조화된 양식으로 콘텐츠 설계에 필요한 양식들은 '정보화실현자'에 의해 만들어진다. 해당 양식에 작성될 내용은 '콘텐츠제공자'에 의해 수행된다.

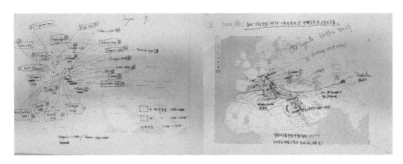

[표 7] 와이어프레임(손 스케치) 방식의 UI설계

[표 8] 레이어별 세부 정보(점/선/면)

레이어 번호	세부정보 번호	유형	내용 요약
layer 1	1	면	■ 11`13세기 기독교유럽과 이슬람 간 중세 지중해문명교류 ■ 관점별 결과 - 종교적 측면: 교황권의 약화와 서유럽-지중해 종교문명의 세속화 - 이하 내용 생략
	2	선/면	■ 알비 십자군(1209~1255) - 청빈을 주장하고 성직자들의 타락을 비판하는 카타리파의 확산 - 이하 내용 생략
	내용 생략		
layer 2	1	면	■ 오스만제국(1299~1922)의 최대판도
	2	면	■ 파티마 왕조
	3	면	■ 맘루크 술탄국(1250~1517)
	4	선	■ 이슬람 수공품 수입 관행(1세기부터) ■ 오리엔트 예술품 중계무역(상아, 유리, 천, 귀금속 등)
	내용 생략		

6) 구현 단계 – 디지털 지도 구현을 위해 'uMap(웹 기반 디지털 맵 저작 도구)'를 활용했으며 전 단계에서 설계된 콘텐츠 내용을 변경 없이 적용하였다. [표 9]는 정보화 결과물의 생성 사례이다. 지도 위의 모든 점, 선, 면, 객체는 마우스 클

릭 시 해당 객체에 대한 내용(표. 레이어별 세부 정보)을 확인할 수 있다.

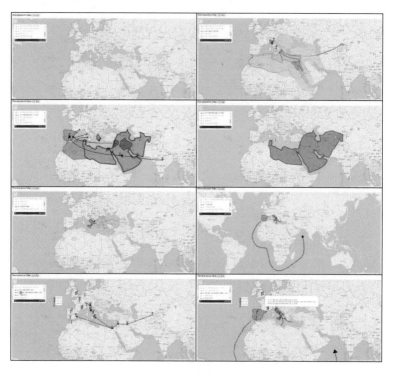

[표 9] 결과물 생성 예

7) 검증(활용) 단계 – 대부분의 디지털 지도의 레이어는 활성/비활성 기능을 가진다. 따라서 사용자는 원하는 레이어의 활성화 또는 비활성화를 선택할 수 있다. 이 과정에서 레이어 간의 선택적인 다중 선택에 따라 여러 형태의 레이어 중첩이 가능하다. 결과적으로 각 레이어의 객체 간 상호연관성이

드러날 가능성을 기대할 수 있다. 즉 최초 레이어를 설계하는 시점에서는 의도하지 않았으나 실제 디지털 지도 사용 시 레이어가 중첩되면서 예상하지 못했던 유의미한 정보를 찾을 수 있다.

3.2. 이탈리아/시칠리아 르네상스 형성 과정

본 연구에서는 '검증 단계'를 통해 다음과 같은 정보를 유추할 수 있었다. [표 10]은 7) 검증 단계에 해당하며 정보화 결과물을 활용한 검증 결과 사례이다. [표 10]은 [표 6]의 레이어를 지도 위에 중첩하여 표시한 결과이다.[11) 지도를 확대해보면 해당 시대의 지식, 문명, 문화 등의 이동 경로가 전반적으로 이탈리아반도, 특히 시칠리아를 포함한 남부 지역으로 향하고 있는 것을 확인할 수 있다.

이슬람의 출현과 프랑크 제국의 성립을 배경으로, 특히 11세기 이후 지중해가 경험한 다양한 문명 간 -차이와 다양성의 상보적 관계 구도에 근거한- 교류(또는 접변) 즉, 지중해 문명의 르네상스 실현은 지리적, 공간적으로 이탈리아반도와 시칠리아를 매개하였다고 볼 수 있다. 이 지적은 적어도 11세기 이후, 앞서 언급한 일련의 역사적 사건과 흐름이, 그 종시(終始)에 있어 집중된 것을 보여준다. 지중해 문명교류의 방향은 동남풍, 즉 지중해의 동남부 지역에서 북서 방향으로 불었고 이 과정에서 동남풍의 문명 바람은 이탈리아 중남부와 시칠리아에 집중되는 현상을 동반했다.

또한 지중해 문명교류의 르네상스가 유럽기독교 문명과 중동-북

---

11) 레이어의 순서와 개수에 상관없이 레이어 간 상호 중첩이 가능하다. 본 연구에서 레이어간 다양한 조합을 통해 르네상스 형성 과정을 분석하였으며 [표 10]은 그 중 대표적인 하나의 중첩 사례이다.

아프리카 이슬람 문명의 공존을 배경으로 지중해 지향성의 역사발전에 따른 자연스러운 결과라는 사실이 잘 드러난다. 이는 르네상스에 대한 기존 해석, 즉 유럽의 르네상스, 유럽기독교 문명이 시작과 끝으로 모두 주도한 문명발전이라는 해석과는 다른 '지중해 문명교류의 르네상스'라는 해석을 가능하게 한다.

디지털 지도의 레이어들은 개수와 순서에 상관없이 중첩할 수 있고 이를 통해 다각적인 정보 습득이 가능하다. 즉 9개의 레이어를 상호 교차시켜 분석하면 기존에 알던 정보나 지식을 객관적으로 검증하거나 경우에 따라 새로운 정보를 생산할 수 있다는 의미이다. [표 9]는 레이어를 중첩한 몇 가지 사례들이다. 실제 9개의 레이어를 다양한 형태로 상호 교차시켜 분석한 결과 대부분의 중첩에서 지식, 상품, 기술, 예술가, 철학가 등의 지식인들의 이동이 다양한 이유로 이탈리아반도와 시칠리아지역으로 유입되는 것을 확인하였다. 즉 전쟁, 제국의 몰락, 이탈리아의 지정학적 위치, 문화적 특성과 종교지향성 등과 직간접적으로 관련이 있었다는 것을 시각적으로 분석할 수 있었다.

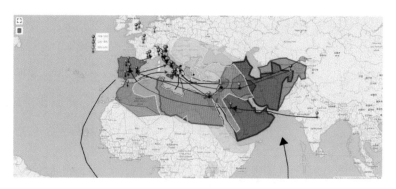

[표 10] 2, 3, 4, 5, 6, 7번 레이어 중첩 예

3.3. 디지털 맵으로 보는 기니 만의 안보

'아프리카 지역학'은 한국 사회에서 아직 활성화되지 않은 연구 영역이다. 유엔(UN)에서 인정하는 55개국의 회원국이 있으며, 동부와 서부, 남부, 북부로 연결되는 아프리카 지역은 지역마다의 특수성이 존재하면서도 인류 최초 문명의 진원지 아프리카라는 특성을 담보하고 있다. 크게 동서남북으로 구분할 수 있는 아프리카는 현대에는 복합학의 영역에서 연구가 진행되는 추세이다. 이로 인해 지역 연구 중에서도 특히 아프리카 지역 연구는 학제간 협업 연구가 필요하다. 이러한 점에 미루어볼 때 본 연구에서 다루는 디지털 지도와의 접목은 아프리카 지역에서 발생하는 다양한 현상들을 일반인, 기업, 정부 등 사회에 직관적이고 객관적으로 전달할 필요가 있다는 점에서 유의미하고, 지역학 분야의 역동적 연구 가능성을 보여줄 수 있다.

'기니 만'(Gulf of Guinea)은 한국이 아프리카에서 가장 주목하는 지역 중 한 곳이다. 이 지역의 공간적 범위는 지도나 책, 개별 언어권(영어, 프랑스어, 포르투갈어)에 따라 각기 다르게 규정하고 있다. 또한, 지역 기구(서아프리카경제공동체, 중앙아프리카경제공동체) 간 걸쳐 있는 국가 경계가 불확실하여 치안이 불안정하고, 특히 해적 공격이 빈번하다. 본 사례에서는 기니 만의 안보정세 분석을 위해 디지털 지도를 활용했다.

본 사례에서는 이탈리아/시칠리아의 르네상스 사례와 중복되는 내용은 따로 언급하지 않기로 하며 콘텐츠 설계(레이어 설계) 및 구현, 분석을 중심으로 소개한다. 기니 만의 안보정세 분석을 위한 디지털 지도 제작을 위해 '콘텐츠제공자'는 [표 11]과 같이 콘텐츠를 설계하였다.

[표 11] 콘텐츠 설계

번호	레이어명
1	기니 만의 문화적 특성
2	야운데 법규 구조
3	기니 만의 공간적 범위
4	나이지리아 무슬림 분포
5	2020년 기니 만 부근 해적 인질
6	니제르-델타 해적 지역
7	나이지리아 종족 분포
8	중부 및 서부 아프리카의 테러 집단
9	기니 만의 포르투갈어/스페인어 사용 권역

3.4. 기니 만 안보정세 분석

(a) 레이어 3, 8 중첩 예   (b) 레이어 6, 7 중첩 예

[표 12] 레이어 중첩 예

[표 12]의 (a)는 <기니 만의 공간적 범위>와 <중서아프리카 일대 테러집단> 레이어를 중첩한 결과이다. 첫 번째로 기니 만과 서아프리카 해적집단의 지역별 분포가 확연히 드러난다. 서아프리카 테러집단의 활동과 기원을 고려한다면 해당 테러집단의 활동 범위가 기니 만 지역으로 점차 확장해 가는 것을 확인할 수 있다. 즉 사하라 일대에서 활발한 활동을 보인 테러집단이 기니 만 영역으로 그 활동 범위를 확장하고 이로 인해 결국 테러집단과 해적집단

과의 충돌 혹은 규합이 벌어질 가능성을 예측해 볼 수 있다.

[표 12]의 우측은 <나이지리아 종족 분포>와 <니제르-델타 해적 지역> 레이어를 중첩한 결과이다. 이를 통해 나이지리아 전체 250개 종족 중 주요 종족을 비교 분석할 수 있고, 거대 종족의 분포 현황을 파악할 수 있다. 특히 이 거대 종족 중 해적 발생이 빈번한 니제르-델타의 경우 이그보족이 이익을 독차지함으로써 실제 거주 종족인 이조 종족은 사회적, 경제적 소외자로 전락하면서 이들이 종족 간 대립의 주역임을 확인할 수 있다.

 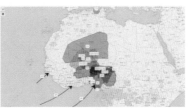

(a) 레이어 4, 7 중첩 예   (b) 레이어 4, 7, 8 중첩 예

[표 13] 레이어 중첩 예

[표 13]의 (a) <나이지리아 종족 분포>와 <나이지리아 무슬림 분포>레이어를 중첩하면 지역의 문화적 특성을 직관적으로 포착할 수가 있다. 즉 나이지리아 남쪽으로 분포한 주요 부족, 무슬림 분포를 보면서 무슬림이 나이지리아 북부에 주로 분포해 있음을 확인할 수 있다.

[표 13]의 (b) <나이지리아 종족 분포>, <나이지리아 무슬림 분포>, <중서아프리카 일대 테러집단> 레이어를 중첩하면 이슬람 테러집단이 무슬림에 집중되어 있고, 특히 하우사족과 플라니족

중심의 테러집단과 나이지리아 최대 테러집단 보코하람(Boko Haram)이 겹치는 것을 볼 수 있어 지역 정세를 정확히 확인할 수가 있다. 현재 나이지리아에서 가장 세력이 강한 테러집단인 보코하람의 경우 전 세계적으로 그 활동이 주목되고 있는데 관련 지역의 안보 정세의 방향을 예측/분석할 수 있다.

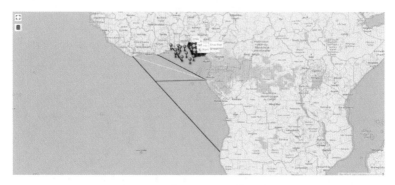

[표 14] 레이어 3, 5, 6 중첩 예

[표 14]와 관련하여 최근 기니 만에서 해적으로 인해 한국 선원이 두 차례 인질로 납치되었다. 현재까지 해적의 납치 원인이 밝혀지지 않은 상황에서 기니 만 일대가 다시 주목받고 있다. 5월 19일 한국인 선원 5명이 가나 수도 아크라 인근 해상에서 납치되었고 이어 6월 1일 기니 만의 베냉 인근 해역에서 4명이 납치되었다. 한국 정부는 첫 번째 납치 지역의 경우 '고위험 해역'에 해당하지는 않지만 두 번째 베냉의 경우 '고위험 해역'에 해당한다고 밝혔다. 해당 지역은 <기니 만의 공간적 범위> 레이어의 붉은 색으로 표시된 지역, 즉 A권역에 해당한다. 한국 선원이 납치된 지역이 <기니 만의 공간적 범위> 레이어의 세부 정보인 A-D권역

가운데 A권역임을 확인할 수 있으며, 이 지역은 <니제르-델타 해적 지역>임을 확인할 수가 있다.

Ⅳ. 연구 체제의 변화

현재 그리고 다가오는 미래에 많은 연구들, 아니 대부분의 연구들은 디지털 환경에서 수행될 것이다. 정보기술의 적절한 활용은 연구의 효율성을 담보한다. 단순 인력으로는 할 수 없는 일, 즉 방대한 데이터를 수초 또는 수 분 내에 자동으로 처리하여 객관적인 정보로 가공하는 등의 작업을 가능하게 해 주기 때문이다. 데이터처리나 가공을 위한 전문 소프트웨어의 활용은 별도의 연습이나 경험이 없으면 사실상 접근하기가 매우 어렵다. 이러한 문제점 해결을 위해 학제 간 융합연구의 수요와 필요성은 더욱 분명해지고 있다.

기존의 ICT 기반 학제 간 융합연구는 이질적 학문 간 연구자들이 각자의 영역에서 연구한 결과를 통합하는 수준에 머물고 있었다. 즉, 단순 공동연구의 성격이 강했는데, 이는 학문 간 융합연구의 방법론에 대한 연구가 전무했기 때문이다. 본 연구에서는 상기 문제점을 지적하고 이의 해결방안으로 학문형ICT융합 연구방법론을 제시하였다. 본 연구에서 제시한 연구방법론에 대한 검증, 다시 말해 '융합점'의 도출을 위한 실천적 사례 연구를 수행하였고 이 연구 결과를 통해 학문형ICT융합 연구방법론의 타당성을 객관적으로 검증하였다.

본 연구에서는 학문형ICT융합 연구방법론 검증을 위한 콘텐츠로 '지중해 문명교류의 르네상스'와 '기니 만의 안보정세 분석'을 활용했다. 먼저 '지중해 문명교류의 르네상스'에서는 르네상스의 성립을 사건보다는 현상과 흐름의 관점으로 전제하고, 11~13세기의 십자군에서 15~16세기의 지리상의 발견, 그라나다의 함락(1492), 비잔틴 제국의 몰락(1453) 또는 오스만제국의 지중해 정복에 관련된 디지털 지도를 제작, 활용했다. 르네상스 연구에 공학의 전자문화지도를 연구방법론 차원에서 도입함으로써 역사해석의 차별화를 시도하였다.

'기니 만의 안보정세 분석' 연구는 디지털 지도를 특정 지역에 대한 연구로써의 접근 뿐 만 아니라 현 시점의 정세 분석 등에도 활용할 수 있는 가능성에 대한 시도이기도 하다. 데이터를 시각적 자료로 가공하여 객관적으로 분석함으로써 검증과 예측, 가설을 생산해 낼 수 있다는 것을 확인하였다.

본 연구들은 역사학/지역학/공학의 고유한 학문적 정체성 간 상호보완을 보여주는 대표적인 사례이다. 협업과 공조의 단순 조합을 뛰어넘어 각자의 분야에서 의미있는 발전 가능성을 제공함은 물론, 지역학 연구방법의 정립과 이에 근거한 학제간 융합 연구 영역의 학문적 지평을 기대해 볼 수 있다. 본 연구 사례는 디지털 지도에 국한되었으므로 향후 다양한 학문 연구에 적용 가능한 정보기술을 발굴하고 이를 검증하는 연구가 진행되어야 할 것이다. 즉, 보다 체계적으로 학제간 융합 연구가 수행될 수 있도록 학문형ICT융합 연구방법론에 대한 사례 연구가 지속적으로 진행되어야 한다.

주제어: 디지털 지도, 르네상스, 문명교류, 학문형ICT융합, 연구
방법론, 학제간 연구, 아프리카 지역학, 디지털 지역학

참고문헌

강지훈, 문상호. 2014. "구글어스 기반의 전자문화지도 설계 및 구현", 한국정
　보통신학회논문지, 제18권 2호, 한국정보통신학회. pp. 357-363.

강지훈, 김희정. 2015. "디지털인문학과 전자문화지도 -도서「지중해 여정
　Mediterranean Passages」의 전자문화지도 구현-". 지중해지역연구, 제
　17권 2호. 지중해지역원. pp. 61-76.

김정하, 강지훈. 2013. "지중해 문명교류의 전자문화지도 설계 -십자군을 중
　심으로-", 지중해지역연구, 제15권 4호. 지중해지역원. pp. 1-29.

김종혁. 2008. "디지털시대 인문학의 새 방법론으로서의 전자문화지도", 국학
　연구, 제1권 12호. 한국국학진흥원. pp. 263-290.

김수한, 박동준, 조준철 외 1명. 2017. "학제 간 융합연구 참여자의 특성과 팀
　구성". 한국사회학회 사회학대회 논문집. 한국사회학회. pp. 226-244.

김현. 2018. "디지털 인문학 교육의 현장". 인문콘텐츠. 제50권. 인문콘텐츠학
　회. pp. 9-34.

노영희, 이광희, 정대근. 2018. "인문사회기반 융합연구 성과 영향요인 연구".
　한국콘텐츠학회논문지. 제18권 6호. 한국콘텐츠학회. pp. 667-678.

박진한, 남상욱, 이호상. 2016. "인천학의 현황과 지역학 연구의 새로운 방향
　모색-공간정보기술의 활용과 디지털 인문지도의 구축". 열린정신 인
　문학연구. 제17권 3호 열린정신 인문학연구. pp. 57-76.

송인한, 김혜진. 2019. "융합연구자 학제 간 연결성에 관한 네트워크 분석: 대
　학 내 융합연구그룹의 사례". 한국융합학회논문지. 제10권 4호. 한국
　융합학회. pp. 153-163.

이동열, 강지훈, 최춘식, 문상호. 2015. "주제별 중첩 기능을 활용한 전자문화지
　도에 관한 연구 - 이스라엘·팔레스타인을 중심으로". 인문사회과학기술

융합학회논문지. 제5권 3호. 인문사회과학기술융합학회. pp. 27-36.

김정하. 2014. "이탈리아 르네상스에 대한 상호관계론적인 해석 -아랍-무슬림과 지중해의 문명 간 융합을 중심으로-". 중동문제연구. 제13권. 중동문제연구소. pp. 129-156.

김정하. 2014.02. 르네상스, 이탈리아의 세속화 현상 -지중해 지역 문명 간 교류의 관점을 중심으로". 인문과학연구논총 35. 인문과학연구소. pp. 135-174.

김정하. 2018. "중세 지중해 문명교류 유형 연구". 사총 95. 역사연구소. pp. 197-240.

김정하. 2019. "중세 무슬림 이베리아의 'Convivencia' 연구 -갈등과 공존의 상호보완적 관계 구도를 중심으로-". 사총 98. 역사연구소. pp. 171-216.

김정하. 2020. "고·중세 시칠리아 '편해(片害) 공존'의 교류유형 연구. 사총 101. 역사연구소. pp. 95-136.

김정하. 2016. "'관계균형론'과 지중해의 이중적 정체성". 서양중세연구 37. 한국서양중세사학회. pp. 142-178.

G. D. Lim. 2019. "A Study on French Efforts for Sustainable Security and Peace in the Maghreb-Sahara Region". Journal of Mediterranean Area Studies. Vol. 21 No.1. pp. 133-158.

G. D. Lim, J. H. Kang. 2020. "Analysis of Gulf of Guinea's structural problems and security situation". Ministry of Foreign Affairs.

G. D. Lim. 2021. "Structural problems and unrest factors in the Sahel area from Latin America, in Migration and Complaints". Aleb.

김정하(외 15인). 2017. 지중해 문명교류학. 이담북스.

폴 존슨(저), 한은경(역). 2003. The Renaissance 르네상스. 을유문화사

Peter Burke. 1989. Il Rinascimento. Universale Paperbacks.

색인

지중해지역원

윤용수

부산외국어대학교 지중해지역원 원장

한국외국어대학교 문학박사

김정하

부산외국어대학교 지중해지역원 HK연구교수

이탈리아, Università degli Studi di Siena 역사학박사

세바스티안 뮐러

부산외국어대학교 지중해지역원 HK교수

독일, Freie Universität Berlin 고고학박사

모나 파루ㄲ

부산외국어대학교 지중해지역원 HK교수

이집트, Zagazig University 비교종교학박사

무함마드 하산 모자파리

부산외국어대학교 지중해지역원 HK연구교수

밀리아 이슬라미아(Jamia Millia Islamia) 대학교 법학박사

양민지

부산외국어대학교 지중해지역원 HK 교수

터키, Erciyes University 투르크 민속학박사

강지훈

부산외국어대학교 지중해지역원 HK연구교수

부산외국어대학교 컴퓨터공학박사

7인의 전문가가 본

시칠리아의 문명교류

Sicilian Civilizational Exchanges described
by 7 Scholars

초판인쇄   2021년 11월 30일
초판발행   2021년 11월 30일

지은이   지중해지역원
펴낸이   채종준
펴낸곳   한국학술정보㈜
주   소   경기도 파주시 회동길 230(문발동)
전   화   031) 908-3181(대표)
팩   스   031) 908-3189
홈페이지   http://ebook.kstudy.com
E-mail   출판사업부   publish@kstudy.com
출판신고 2003년 9월 25일 제406-2003-000012호

ISBN   979-11-6801-246-2 93920